本物の再建弁護士の道を求めて

光麗法律事務所代表
村松謙一

商事法務

弁護士村松謙一の仕事の流儀

はじめに

東京弁護士会倒産法部における再建弁護士として復活

▼倒産弁護士の世界に足を踏み入れる

一九八三年に弁護士登録して以来足掛け三五年ひたすら会社再建の真っ只中を走ってきた。今でも〝悩み〟〝迷う〟ことがたくさんある。

私が〝倒産弁護士〟となるきっかけは、師匠である弁護士清水直先生の書かれた『臨床倒産法』を読み、〝マスで人を救う〟というその仕事内容に大変感銘を受け、倒産の世界に興味を抱き、清水直先生の門を叩いたことから始まる。

その後も清水先生の下で大変厳しい指導を受けながらも愛情を注がれ、順風満帆、イケイケどんどん、自信過剰、元気ハツラツに見えていた私の倒産弁護士時代であった。

▼挫折

しかし、弁護士一五年目の四三歳の時、再建に関与していた会社の社長が〝自死〟した。社長を護れなかった私には倒産弁護士を名乗る資格がない、倒産弁護士失格の烙印を押されたのだ、そう自分を責めた。

さらに、翌四四歳の時に一六歳の〝愛娘の死〟に直面した。

地獄の底に落とされた私は、息をすることすら苦しく、暗闇の中、毎日〝生きている意味〟を問うていた。娘は天国で一人寂しくはないか、親である私が天国に行って側にいてあげたい、そんな衝動に駆られていた。
通勤途中や事務所での執務中でも毎日亡き娘を思い出しては涙を流し、過ごしていた。ただ逃げたくてしばらく倒産事件から距離を置いていた。

〝私は雨の中を歩くのが好きなんだ。そうすれば誰にも泣いているところを見られなくて済む〟

チャールズ・チャップリン[1]

私も〝雨〟は地上と天国をつなぐ〝糸電話〟と思い、雨の日には傘を差さずに全身ずぶ濡れで歩くこともあった。

〝涙とともにパンを食べた者でなければ、人生の味はわからない〟

ゲーテ[2]

▼東京弁護士会倒産法部の仲間との絆——励ましの手紙

そんな私を見るに見かねて、師匠の清水先生、兄弟子の松嶋英機先生、そして多比羅誠先生ら諸先輩方からたくさんの励ましの〝手紙〟をいただいた。これらの〝手紙〟はしばらくの間、黒い執務用の鞄に入れ、毎日持ち歩いていた。

また、修習同期の小林信明弁護士や加々美博久弁護士や長島良成弁護士にも随分と励まされ、そして上田裕康先生には精神的なサポートを随分といただき、〝生きていくこと〟の支えとなった。

亡き池田靖先生からの「村松さん、天国の娘さんはお父さんの辛そうな顔を望んでいないと思う。昔のようなお父さんの元気ハツラツな姿を望んでいるんじゃないかな‼」との言葉は、再び倒産弁護士の世界に戻る一歩前に進む勇気を与えてくれた。

多比羅先生もおっしゃっているが、言葉は「言霊」であり、その人の魂に火をつけてくれる役目も持っている。これは「弁護士と依頼者」の関係にも言える。

相澤光江先生からも「私が今年度の部長になるから、村松さん、副部長で戻ってきなさい」と声をかけていただき「東京弁護士会倒産法部」に再び戻ってきた経緯がある。

そして私が事件でピンチに陥るたびになぜだかいつも不思議に現れてピンチを救ってくれたのが松田耕治先生であった。

人間とは弱いものだ。一人では生きられないと思う時、そんな時こそ、仲間の〝強い思いやり〟〝やさしさ〟〝絆〟というものが人を助ける。尊敬する先輩弁護士、共に切磋琢磨してきた同期の弁護士、とっくに私を超えて行った優秀なる後輩弁護士達に支えられて今の私がある。「東京弁護士会倒産法部」とはそんなハートのある〝情の深い会〟でもある。

〝明日死ぬかのように生きよ。永遠に生きるかのように学べ〟

マハトマ・ガンジー[3]

〝もし、今日が人生最後の日だとしたら今やろうとしていることは本当に自分のやりたいことだろうか？〟

スティーブ・ジョブズ[4]

▼本当に自分のやりたいこと

そんな会に身を置く私も今年で六四歳となった。明日生きていられるという保証は誰にもない。病気・事故・自然災害等で突然に人生の幕を下ろされ、愛する者との仲を引き裂かれた多数の方々がいる。決して幸せとは言えない私の人生ではあるけれど、地獄の底を這いつくばってきた私の辛く苦しい体験を、そして、心のずっと奥の方に刻み込んだ〝平成〟という時代を駆け抜けた倒産事件を忘れてしまわないように、これから会社再建に関心を抱く〝若き弁護士達〟に〝志〟や〝情熱〟を、再建に取り組む〝金融マン〟に〝情〟や思いやりの〝恕〟を、そして暗闇の中で先の見えない不安に脅える〝会社経営者〟に〝勇気〟と〝希望〟を、各々の人生に少しでも役立つ〝道標〟として、そんな〝心に響く言葉〟を、本書をもって贈れたら本望である。

1▽イギリスの喜劇俳優。『チャップリン自伝―栄光と波瀾の日々』チャールズチャップリン著／中里京子訳（新潮文庫）
2▽ドイツの詩人。『ゲーテの言葉』一校舎比較文化研究会編（コスモ文庫）
3▽インド独立運動の主導者
4▽アップル社の共同設立者。『スティーブ・ジョブズ』ウォルター・アイザックソン著／井口耕二訳（講談社）

目次

第5章　中小零細企業の経営者に伝えたいこと

第8章　私的再建の進め方（実践編）

第1章

生きている意味を心に刻む

第1 私の背負った「十字架」の体験談

ある地方の小さな子供服店の再建での出来事▼体験記1

一九九七年、再建依頼を受けたN社長から私の事務所にFAXにて〝遺書〟を残され〝自殺〟された辛い経験がある。

死にゆく社長のその時の心境を考えると、私には〝再建弁護士〟を名乗る資格はない、再建弁護士失格だと自己嫌悪に陥った。ただ私が救われたのはその〝遺書〟に〝先生と知り合えてとても幸せでした〟との一文があったことだった。

▼手続きの流れ

私的整理（リ・スケジュール）↓破産

［事案］
関西地方の子供服の小売販売業者（ショッピングモール内や路面店を合わせて一六店舗）
社長は売上拡大を目指し、店舗を次々と展開（売上至上主義）
売上不振により資金繰りが悪化し、振出手形不渡の危機

当事務所に相談に来られる

▼事務所の方針

私的再建方針（リ・スケジュール）

・〝売上至上主義〟でなく〝利益至上主義〟が重要であることを指導し、不採算店舗閉鎖を実施

・資金ショートによる〝手形不渡倒産〟を回避するためバンクミーティングを開催

・元金部分の返済を停止、金利の引き下げ要請（リ・スケジュール）、大口の手形支払先には手形ジャンプ要請

▼ある小さな子供服会社の社長の死

1　突然のＦＡＸ

私が中小零細企業の再建にこだわり、そして経営者の心の叫びを聞き続けるきっかけとなった会社再建事件があった。それは同時に今でも私の心の奥で悔やんでも悔やみきれない再建事件でもあった。

一九九七年二月二四日。会社再建の第一人者である清水直弁護士を主任とする私たちの

チームは、アパレル大手S社の和議手続を東京地裁に申し立てた。同社の役員や幹部、若手弁護士に対して、今後起こり得る紛争や問題点について指導する会議を開いていた。その時、私の事務所から突然電話が入った。

秘書からのその電話が、「ただごと」でないことは、声の調子からすぐわかった。案の定、内容を聞いて私は思わず驚愕した。私がかねてから相談に乗っていた関西地方に本店を構えるある子供服の販売会社（小売業）の社長が〝自殺〟したのだと。

その日の朝、私の秘書が事務所に入ると、その社長から送付された大量のＦＡＸが机にあふれていたという。それはまさに彼の「遺書」だった。

私はS社の会議の運営を後輩の弁護士に託すと、大急ぎで事務所に戻った。

事務所に着くとすぐに送られてきたＦＡＸに目を通した。相当に長い文章だったが、同社の営業報告のような内容が続いた後に次のようなことがつづられていた。

先生、本当に申し訳ございません。いつも遠路はるばるお越しくださり、いろいろとアドバイスをしていただきましたのに、このような事態になってしまい、誠に申し訳ありません。

私としては、先生のアドバイスにしたがい、精いっぱい努力してきたつもりですが、六九歳のこの身、もはや限界です。先生とお知り合いになれて本当に嬉しゅうございました。長い間、本当に幸せでございました。先生がいつも激励してくれた「勇気をもて」との言葉、胸に刻んでおります。深い御恩を仇で返す結果となり、正に断腸の思いでございます。

しかし、気弱な私にはできませんでした。お許しくださいませ。今度生まれ変われるときは、二度とこのような思いはいたしたくございません。（中略）
では、お別れを申し上げます。（傍点は筆者）

書くのに数時間はかかったであろうその文章は、まさしく社長の人生をかけた「遺書」であった。おそらく、その日の昼過ぎから綿々と書き始め、朝方の午前四時頃、誰もいるはずのない私の事務所にＦＡＸを流してきたということは、覚悟の自殺なのであろう。

社長がどんな思いでこの文面をかいていたのか。その心境に思いをめぐらした時、私は身体の震えを止めることも、流れ出る涙を止めることもできなかった。と同時に、自分の力のいたらなさを悔やんだ。そして、社長と一緒に返済の猶予を頼みに行った時の、金融機関の木で鼻をくくるようなあの対応に憎しみさえ抱いた。

２　追い込まれていった社長

数カ月前のとある日、私は、関西地方のあの駅前にいた。

古い町並みの商店街は、人通りも心なしか少ないような気がした。駅前ではいつものように、件の社長が私の到着する時間を見計らい、自転車を止めて私の到着を待っていてくれた。私が到着すると、「遠いところをどうもすいませんな」と言いながら、私の手から鞄を取り上げ、「先生の鞄、いつも重いでんな。人の悩みの重さでんな」などと続けた。

そうやって、鞄を彼の自転車の荷台に乗せて、二人して本社事務所までの約一五分の道のりを、昔ながらの寺町の風情を残す狭い裏通りをゆっくりと歩いていくのである。

道すがら、私の気に入っている古ぼけた喫茶店に立ち寄って、水だしコーヒーを飲みながら、最近の倒産事件の体験談をするのがならわしで、社長は嬉しそうに聞きながら、人なつこい笑顔で、「そうでんな。先生のようなお仕事は、本当に人助けでんな。それにしても先生のように西に東に動き回るお仕事は、体力がないと務まりませんな」とうなずいてくれるのであった。

子供服の販売をしていたその会社は、ピーク時には、県北西部を中心に一六店舗を擁し、従業員も八〇名弱が働いていた。社長は、店舗数の増加に伴う売上高の増加をグラフにして示し、「将来は五〇店舗にするのが夢だ」と目を細めて語っていた。

しかし、一六店舗中の実に半数の八店舗が営業利益ベースでも赤字であり、うち六店舗は、その地域の人口減、及び数年来の慢性赤字体質で改善のしようがないものだということがわかった。

これでは、人件費と賃料等固定経費をたれ流しているだけである。数少ない赤字店舗の閉鎖を指示することになるが「言うは易く、行なうは難し」である。すなわち、閉鎖店舗の従業員を解雇しなければならない。ひと口に解雇、リストラと言っても、解雇する側も精神的に相当な心労を強いられる。とくに、経営者が誠実で気が優しければなおさらである。大企業と違い、中小企業にあって経営者は、家族ぐるみの慕われ方をしており、「鬼」

になりきれる経営者はほんの一握りであろう。

また、賃借している店舗の貸主に対する契約途中での「賃貸借契約解約申入れ」は、法律問題に発展した。店舗造作リース会社とのトラブルも舞い込む。残念ながら、件の会社にはこれらの問題を解決するに足る「人材」がいなかった。加えてこれら後ろ向きの合理化費用の捻出も困難を極めた。

タイミングの悪いことに、これらの心労に加えて、金融機関からは「督促状」が舞い込む。売上も年々低下する。社長を精神的に追い込むには十分な悪しき環境であった。

3 銀行が何をしたか

私は金融機関に対し「現店舗を再度調べ直したところ、その多くに不採算の店舗が発見された。会社を再建させるためには、売上高に目を奪われるよりは不採算店舗を即刻閉鎖する必要があるが、他方、賃貸借の解約は契約上、三カ月〜半年間はかかる。従業員の解雇にも退職金等の『会社整理のための後ろ向き資金』が必要だ。ついては、金融機関への返済を一時猶予してほしい。金利も引き下げてほしい」旨を伝えた。

しかし残念なことに金融機関は、私の前では「事情はよくわかりました。いちおう本部と検討してみましょう」と言いながら、私が帰ると、即座に社長を呼びつけて「なんで、弁護士なんか頼むんだ！　あんな弁護士は役に立たない。弁護士が関与するなら金利も引き下げられない。協力もできない。売掛金があるのなら、従来の返済を倍にしても至急返済せよ」と罵声を浴びせたそうだ。

私が金融機関に抗議すると「いま、本部と協議中です。もう少しお待ちください」との返事が繰り返されるだけ。それでいて、月末になると金融機関への返済分のみが〝自動引き落とし〟のシステムによって毎月定期的に引き落とされ、金利、元金の返済に充当されてしまう。社長に「金融機関への入金を控えるように」とアドバイスしても同じ金融機関で手形決済をしているため、なかなか当座預金をカラにできにくい状況でもあった。こんな状況が続くことになる。

これ以上、資金繰りをつまらせると、本当に従業員の給料の支払いすら不足してしまう。やむを得ず、借入金のない新規銀行口座をつくり、そこに売上金を入金させた。

すると、それまでの金融機関は社長を呼び出して「せっかく再建に協力する方向で検討しようとしているのに、おまえのしている行為は裏切り行為だ」と社長を責め立てる。これまでは、会社に日参して「ウチと取引して欲しい」と頭を低くして頼んでいたのが、社長をいかにも悪人のように扱う方向に豹変した。

金融機関のこれらの対応は、誠実で人のよい社長のプライドをずたずたに引き裂いてしまった。

私としては、経営者が「金融機関は何もしてくれない」と決断することもまた必要だと思うのだが、社長にしてみれば「売上代金等の入金銀行の変更」は大きな負担であった。彼にとって金融機関は命綱であり、入金先を変えることは、自らの裏切り行為と考えたのである。加えて入金銀行の変更という事実は、得意先や取引先に「何かあったのではないか」との不信を抱かせないとも限らないとの心配も、彼の中で急速に膨らんでいった。

4 巨大な貼り紙

午前四時、書き終えた遺書を私の事務所にＦＡＸで送り終えた社長は、本部事務所を出て、入り口の扉のシャッターを降ろした。

社長は、シャッターに大きく〝貼り紙〟をした。畳ほどの大きさのその大きな紙には、きちんと墨をしたためて、次のように書かれていた。

「事後は、弁護士村松謙一氏に託したので、何かの時には、弁護士に連絡をしてください。住所　東京都中央区○○○○、電話番号　○三―○○○○―○○○○」

その後であろう。二月の午前四時という、未だ暗く、そして激寒の街を独りさまよい歩き、この世との別れの場所に向かっていったと思われる。

同社の経理部長から、本部近くの倉庫の中ですでに息たえていた社長を見つけたこと、私以外にも関係先のいくつかにあてた遺書があったこと、そして入り口の大きな貼り紙のことを聞かされた時、なんとしてでもこの件は、私自身が処理しなければならないと、社長に誓わずにはいられなかった。

貼り紙を見たせいか、私の事務所に朝方から、債権者からの問い合わせの電話がひっきりなしにかかってくる。「弁護士を出せ！」いちいち電話に出て、応対している時間はない。秘書に「弁護士は出かけていて本日は戻らない」と応答するように伝えると、直ちに「破産申立書」の作成に取りかかった。

同社の経理担当者に電話すると、金融機関に入金を押さえられ、預金が拘束されて、手元資金がほとんどないとの説明。他方、現在運営中の店舗の商品在庫がそのまま店舗と倉庫に置いてあるとのこと。これらの保全がまったくなされていない。直ちにこれらの商品を保全しないとかえって納入業者に迷惑をかけることになってしまう。社長が死の直前に私に託したかったことは「いままでお世話になった取引先にだけは、迷惑をかけたくない」とのことではなかったか。

同社は再建を目指せない。しかも、地方の裁判所は、東京地裁の扱いのように即日面接、即日破産手続開始決定の扱いを、現在もしていない。通常は、一～二週間かかることもざらである。そうであるならば、どうしても「処分禁止の保全処分」の決定をとっておく必要がある。となると、どうしても明日中（二月二五日）に破産の申立てをする必要があり、即刻「保全処分の決定」をしてもらうしかこの会社の最終処理の方法はない。それが社長の望むところではないか。私は営業部長に指示を出し「本日は棚卸しのため、全店休業」の貼り紙を貼ったシャッターを閉めるとともに、紅白の幕を張って商品在庫の保全に努めさせた。

保全がしっかりでき、社長が亡くなったその翌日の夜に行われた債権者を集めた説明会が功を奏したのか、心配した「取り付け騒ぎ」は起こらなかった。その後は、裁判所から選任された破産管財人が手際よく在庫の商品を処分し破産事件は終了した。

私は件の社長のご自宅のお位牌に手を合わせ、「無事に終了したから安心して天国で過ごしてください、もうお金で苦しむことはありませんよ、私もいずれはそちらに行くからあの時のように酒でも飲みましょう」と天国の社長に心からお詫びをしていた。


〝じゃあ秘密を教えるよ、とてもかんたんなことだ。ものごとはね、心で見なくてはよく見えない。いちばん大切なことは目に見えない〟

サン・テグジュペリ[1]

▼〝誓い〟〝共感力〟

この事件をきっかけに大会社でなく中小零細企業の〝経営者の心〟、その中でもとくに〝経営者の心の闇〟に寄り添う〝再建専門弁護士〟になると誓う。

この顛末はNHK総合テレビ「プロフェッショナル仕事の流儀」（二〇〇七年、二〇〇九年）にて放映され、また著書『倒産阻止』（東洋経済新報社）に詳しく掲載してあるので、興味がある方は是非ご覧・ご一読いただきたい。

第2　私が〝命〟とかかわるようになった理由

▼二つの命が私の前から消えてしまった

それまでの私は倒産が〝命にかかわること〟に気づかなかったし、日々の生活は〝明日は当然に来るだろう、生きているのは当たり前だ〟と思って忙しい日々を過ごしていた。

しかし、一九九七年二月、顧問先の社長が「ご恩をあだで返す結果となり正に断腸の思いでございます」との〝遺書〟を残して自ら命を絶ってしまった。

〝命〟との関わりはそれだけではなかった。

その翌年の一九九八年一一月、長女が摂食障害で入院。そのわずか二日後、病院の〝医療ミス〟で一五歳九カ月という短い人生の幕を下ろしてしまった。

しばらくの間、自分が死ねたらどんなに楽だろうと思っていた。心の傷はどんどんひどくなり、膿が出てきた。しかし、それを過ぎるとやがて傷に〝かさぶた〟ができる。

娘のそばに行ってあげなければとの〝思い〟が次第に娘の分まで生きてあげなければとの〝思い〟に変わっていった。〝かさぶた〟が自然に取れ、元の皮膚に戻っていくには八年程の歳月がかかった。お父さんに笑顔が戻れば天国の娘もきっと喜んでくれると思えるようになった。

▼思い出の大切さ

現世では娘と会うことはできない。娘と過ごした一五年九カ月の〝思い出〟の詰まったその時間が私の大切な〝宝〟である。

会社は無機質なものなんかでなく人が集まった永続的有機的集合体＝〝生き物〟だ。従業員には家族もいるし何よりも〝思い出〟を作り出し、〝思い出〟がいっぱい詰まっている。そんな会社を絶対に潰してはいけない。

私の弁護士人生は娘の死によって「生と死」という究極のものと付き合うようになった。〝命〟というテーマが常に寄り添っている。

▼悲しみを乗り越える必要はない

大切な人を失ったとき、悲しみを乗り越えてと人は言うが、乗り越えられない悲しみもある。そんな悲しみは乗り越える必要はない。悲しみを心の奥のずっと奥の方に抱えながら生きていく。それが〝再生〟なのだ。いまでも娘はそれを教えてくれていると感じている。再生した会社の経営者は皆明るく、そして強くなっている。

▼出会いを大切に

娘の最後となった作文に「多くの人と出会って愛を分けてあげたい」と記されていた。だから私も命がけで私の事務所にたどり着いた苦しむ経営者との〝出会い〟には、救済としての愛を分けてあげなければならないし、今は中学、高校、大学等、学校での講演活動に力を入れているが、学生達には「生きていることは決して当たり前ではない。生きているそれだけでも十分意味があるのだ」と説いている。

第3「共感力」を身につけよ

〝人間が授かった大いなる才能、それは「共感」する力です〟

メリル・ストリープ[2]

▼逆縁

娘との別れはあまりにも突然であった。病院のベッドで〝また明日ね〟と言って別れたその「また明日ね」という言葉が娘との最後の言葉になろうとは。だから私は「明日」が来ることを信じない。今日やれることは今日やろう。今日が最後の日となるかもしれないから。

娘の骨を拾う〝逆縁〟程辛いものは人生にない。地獄の底を這いつくばって息をすることすら苦しく、世の中の景色が消えその全てが灰色に見えると言っても決して過言ではなかった。毎日天国のことばかり考え、一生分の涙を流した時でもあった。「まだ三人も子供がいるんだから頑張れ」と励ましてくれる人がいた。しかし、娘でありこの世にかけがえのない一人の子供であり他の三人の子供と比べて欲しくはなかった。〝頑張れ〟と言われてもどう頑張ればよいのかわからなかった。まだこれ以上頑張らなければならないのか？　かえってその励ましが憎々しく恨めしく思えた時期であった。

▼共感力

そんな時関西の顧問先の社長とその母親がわざわざ横浜の我が家まで来てお線香をあげてくれ、言葉を発するでもなく、娘の仏壇の前で号泣する私の背中を無言でさすってくれた。その手の温もりの温かさは私の凍り付いた閉ざされた心に一筋の温かきしずくのように溶け込んで心の温かさを感じたことは今でもはっきりと覚えている。

〝無言という言葉〟

私の涙をただただ黙って傍にいて〝共感〟してくれた。この〝共感〟で私はどれほど救われたことか。

この顛末をある雑誌で「無言の言葉」と題して発表したところ、某県の教育委員会が中学高校の〝道徳〟の副教材として使いたいと言ってくれた。もちろん了解した。

▼苦しむ経営者の方々への接し方

眠れぬ夜を何度も過ごし、死にたいと思う社長に〝頑張れ〟と声をかけてはいけない。

「これまでどれだけ頑張ってきたか、弁護士先生は何もわかってくれない。これ以上、どう頑張ればいいのか」と苦しむ経営者の心にさらに傷を付けるようなものだ。
「あなたはこれまで散々苦しんだし、頑張ってきた。もう頑張らなくてもいいよ。少し休みなさい。あとは我々専門家である弁護士があなたの重石を背負うから」と経営者の心の重石を軽くしてあげられるように経営者に寄り添い、ただ黙して〝共感〟してあげるだけで、暗い闇の中にいる経営者はどれだけ救われることになるだろう。

1▽フランスの作家、飛行士。『星の王子さま』（新潮文庫）
2▽アメリカ合衆国の女優

第２章

弁護士としての大義を貫き通せ

はじめに

〝是非の初心忘るべからず、時々の初心忘るべからず、老後の初心忘るべからず〟（初心＝芸の未熟さからの失敗、挫折、それを乗り越えるための精進を忘れるな。それは年齢を重ねても忘れてはいけない）

世阿弥[1]

皆が憧れ、尊敬される「弁護士」には、誰でもなれるわけではない。世界一難関といわれる司法試験に合格しなければその〝資格〟は得られない。

過酷な司法試験をパスし、日々弁護士業務をこなしていると、いつの日かその弁護士業務に流され、〝大事なもの〟を見失うことがある。経験を積めば積むほど〝大義〟を見失いがちになる。

弁護士から見れば多くの取扱事件の一つに過ぎないかもしれないが、しかしその事件の一つ一つは当該当事者その人にとっては人生にとってかけがえのないものなのである。また、弁護士は論理的思考、法的技術論に陥りがちである。もちろん、そのこと自体は悪いことではない。ただ、これらに陥りすぎるあまり、〝仏作って魂入れず〟にならないようにしなければならない。

そこで、本項では、人権擁護と社会正義の実現を〝使命〟とする〝弁護士としての大義〟

を貫き通すための〝弁護士の本質〟とは何だろうか？　との問いかけに答えてみたい。

第1 弁護士としての本質――ノブレス・オブリージュ

この問いに対し、私がいつも「心」に留め置いて私の〝行動の指針〟としている言葉に「ノブレス・オブリージュ」という言葉がある。

その意味は、高貴さは「義務」を強制する。つまり、権力、社会的地位の保持には責任と義務が伴うものであり、権力者、高学歴者は、社会の規範となるように振舞うべきだと言われている。〝社会的責任〟を有するということだ。

階級社会、貴族社会が残る〝イギリス〟での上流階級にはこの〝ノブレス・オブリージュ〟の考え方が強く求められている。ロイヤルファミリーが戦地に赴くのもこの思想からである。現在の企業の社会的責任遂行（CSR）にも通じる考え方であり、欧米社会における基本的な〝道徳観〟である。

〝世の中に奉仕すること自体が信用である〟

本田宗一郎[2]

この〝ノブレス・オブリージュ〟や〝社会奉仕〟の考え方こそ、我々人権擁護と社会正義を実現することを使命（役割）とし、特に強い〝倫理観〟を要求されるプロフェッショナルたる弁護士の行動の〝核〟（義務）となる言葉と私は考え、実践している。

第2 宮沢賢治の作品から

〝自分に薄く、その余力をもって人のために尽くせ〟（自分の待遇は低く抑え、それ以外は世のため人のために使え）

出光佐三[3]

私の事務所の〝応接室〟には、国内のみならず世界でも評価の高いタミヤ（静岡県）の戦車（プラモデル・ジオラマ）と合わせて私が心惹かれる三七歳という短い生涯を駆け抜けた〝宮沢賢治〟の作品がいくつか展示してある。

雨にも負けず、風にも負けず、雪にも、夏の暑さにも負けぬ……の詩（心象スケッチ）で知られている岩手県花巻市出身の作家宮沢賢治[4]の童話作品の一つに『銀河鉄道の夜』がある。人口に膾炙されているからご存知の方も多いと思う。

孤独な少年のジョバンニが友人カムパネルラと星祭りの夜に銀河鉄道（天の川）の旅を

し、その途中で出会う人々から〝本当の幸せ〟とは何か？　に気づかされ〝生きる意味〟を発見していく物語。

▼生きるということは〝尽くす〟ことである

北十字星（白鳥座）が見えるとカムパネルラはジョバンニに「あすこが本当の〝天上〟なんだ。あすこにいるのは僕のお母さんだよ。ねぇ、ジョバンニ、亡くなったお母さんは僕を褒めてくれるかな。誰かに〝本当にいいこと〟をしたから自分は幸せなんだよね。だからきっと褒めてくれるよね」とつぶやくがジョバンニにはその言葉の意味が〝その時〟はわからなかった。

やがて、南十字星（サザンクロス）で大半の乗客は降り、ジョバンニとカムパネルラの二人が残され、二人は〝本当の皆の幸せ〟のために共に歩もうと誓いを交わす。その後、窓からカムパネルラの父親の姿を見つけると、カムパネルラは突然姿を消してしまう。

一人丘の上で目覚めた主人公のジョバンニが眠りから覚めて丘を下るとカムパネルラが命を犠牲にして川に落ちた友達を救った事実を知る。

そして「あの〝さそり〟のように〝本当の幸せ〟のためなら僕のからだなんかひゃっぺん焼かれてもかまわない」と〝生きる意味〟を悟ったこの言葉に〝弁護士の本質〟が現れていると思う。

愛する家族の〝幸せ〟のため、愛する人の〝幸せ〟のため、依頼者の〝幸せ〟のために

〝自己を犠牲〟にしてでも守り通してみせる。

それは、「友人のカムパネルラが自らの命を犠牲にしてまで川に落ちた友人を救った話」や「いたちに食べられそうになり追われたさそりが井戸に落ちて死に至る時、いたちにこの命をくれてやらなかったことを悔いて赤い光を放つ『さそり座』になった話」や「自分達が乗ればその分誰かが乗れない。自分達だけ救命ボートに乗ろうなんてできるわけがないと言って〝タイタニック号の沈没〟から『かほる』と『ただし』を連れて銀河鉄道に乗ってきた青年家庭教師の言葉」などにも現れている。

〝世界がぜんたい幸福にならないうちは個人の幸福はあり得ない〟

宮沢賢治

世界全体の〝幸福〟を唱える宮沢賢治のこの思想は原子力発電所の存在意義についても当てはまるのではないか。便利と経済合理性を優先するあまり、制御不能で多くの地域住民の生活・特に生命、身体・財産を侵害し、日本中の国民に不安と不幸をもたらしている原発災害を目の当たりにしても、未だに原発再開を唱えている役人たちがいる。己の利益しか考えていないのだろうか。広島・長崎の悲劇を忘れたわけではあるまい。プルトニウムの風を忘れたわけではあるまいに。〝人の命は地球よりも重い[5]〟はずなのに。

▼For Others

社会正義と人権擁護をその〝使命〟とする〝弁護士の本質〟とは、〝自分を犠牲〟にしてでも〝人の役に立つ〟ことである。換言すれば、〝弁護士の幸せ〟とは、自己の幸せを求めるのではなく、自己を犠牲にしてでも誰か（他人）の幸せを求む（For Others）ことである。それが〝弁護士冥利（＝幸福）〟ということなのだ。

人間村松謙一としては決して幸せな人生ではなかったが、会社の再建を通じて多くの人々の人生を救ってきた〝人のために尽くしてきた〟という自負から見れば〝弁護士村松謙一〟としての生き方は弁護士冥利＝幸せだったのだと思う。

〝誰かの為に生きてこそ人生には価値がある〟

アインシュタイン[6]

第3 〝絶対的な正義〟とは

▼アンパンマンの話

社会正義の実現をその〝使命〟とする弁護士としての〝正義〟について考える本項では「アンパンマン」の話をしてみたい。

子供たちに大人気のアニメのヒーローに「アンパンマン」がいる。

この正義のヒーローの生みの親であるやなせたかし氏が後述する〝出会いは必然〟の項（一六八頁）で私が二〇一七年一一月一日に出演したNHKの「クローズアップ現代＋《プラス》」『逆・点・人・生』のその三年程前の二〇一四年一〇月に同じく「クローズアップ現代＋」で当時語った言葉がある。

「〝正義〟とは〝相対的〟なものである。時代により体制によりその時の〝正義〟が実は〝正義〟でなくなることは〝戦争〟を見れば明らかである。〝正義の戦い〟なんてどこにもないのだ。敗戦を機に〝正義の軍隊〟が〝悪魔の軍隊〟と呼ばれるようになった。もし、〝逆転しない正義〟〝絶対的正義〟があるとすればそれは、〝献身〟と〝愛〟である」と。

▼究極の殺し合い

第二次世界大戦末期の一九四五年六月二二日「義勇兵役法」が制定・施行され、徴兵対象は一五歳～六〇歳の男性、一七歳～四〇歳の女性となった。本土決戦の捨石とされた沖縄玉砕戦では一四歳～一六歳の一七歳未満の少年まで招集し、〝鉄血勤皇隊〟に入らされ多くの少年が戦死した。また、二つの高等女学校の生徒達二二二人と引率教諭一八名の合計二四〇名で看護要員として編成された「ひめゆり隊」（一三六人が死亡。そのうち九名は荒崎海岸で集団自決）は、誰もが知るところである。沖縄戦での日本人の戦死者の数は約一八万人、そのうち沖縄県民は約一二万人にも上った。沖縄戦では老若男女問わず「戦力化」し、妊婦の女性までお腹の赤ちゃんと共に手榴弾を抱えてアメリカ軍に自爆突撃していった。人を幸せにすべき〝法律〟が人の命を奪う〝鎖〟となっていたのだ。国が作った法律が戦争を通じて人を人でなくしてしまうのだ。〝戦争〟は〝究極の殺し合い〟であり、いかなる〝法〟をもってしても正当化しえない。まさに「法律リテラシー」が問われるところであろう。

▼究極の正義とは

弟を特攻隊で命を落したやなせたかし氏は戦中戦後の深刻な食糧事情から人間が一番辛く苦しいことは食べられないことであり、飢えはどうにも我慢できないことから〝食べることは生きること〟という考えをもったという。私も「食べたくても食べられない。辛い。助けて!!」との娘の言葉が今でも耳に残っている。

国連世界食糧計画（ＷＦＰ）、国連食糧農業機関（ＦＡＯ）がまとめた報告書（二〇一八年九月一一日発表）によると世界中で飢えに苦しむ人々が二〇一七年には約八億二一〇〇万人、そのうち五歳未満の子供は約一億五千万人だそうだ。食べたくても食べられない飢えに苦しむ小さな子供達が必死で生きていることを是非想像してみて欲しい。

〝究極の正義〟とは「飢えている人に食べ物を与えることである」

この「アンパンマン」は、空腹の者に自分の体の一部（顔）を与えることで悪者と戦うパワーが落ちるとわかっていても目の前で困っている人を見捨てない。絶対に見捨てない。ひとりぼっちで寂しいなあっていう人のところには、どんなに遠く離れていても必ず飛んで行って助けてあげる。そして、どんな敵が相手でも絶対に逃げはしない。

▼自己犠牲

「傷つかずして人を助けることはできない」（自己犠牲）

やなせたかし氏は「本当の正義というものは決してかっこいいものではない。必ず報われるというものでもなく逆に自分も深く傷つくものです」（第一作『あんぱんまん』のあとがきより）と語っている。

「飢えている人に食べ物を差し出す行為は立場が変わっても国が違っても〝正しい〟ことに変わりはありません。〝絶対的な正義〟なのです」とも語っている。

▼弁護士として生きていくのに必要なこと

アンパンマンのテーマソングに「何のために生まれて何をして生きるのか」という歌詞がある。

これは、〝生きていることこそが一番大切なことだ〟という意味であり、暗闇の中で光もなくひとりぼっちで寂しくて生きることさえあきらめかけている中小零細企業の経営者に伝えたい言葉であると同時に十字架を背負った私にとっての人生の応援歌でもある。

人生に無駄なことなど一つもない。どうしたら人に喜んでもらえるか。人の役に立てるのか。あとわずかとなった残りの弁護士人生をそうやって過ごせたらいいのになあと思う人生の晩年である。

二〇一一年三月一一日東日本大震災の後、希望を失いかけ絶望の淵に立たされた被災者の方々を一番勇気づけた最大の歌は「アンパンマンのマーチ」だという。

この〝アンパンマンのマーチ〟こそが全ての〝弁護士〟に、何のために生まれてきたのか、どうしてその職業を選んだのか、その時の気持ちを今でも覚えているか、と突き付けられた〝課題〟なのではないだろうか？

「どんなに遠く離れていても必ず飛んでいきます。きっと君を助けるから」

第4 弁護士としての正義（ソクラテスの弁明より）

弁護士の場合の正義については〝弁護士法一条[7]〟に謳ってある。

それでは、再建弁護士に与えられた課題・使命とは何か？

再建対象の会社とは、要するに有機的・組織的な会社・法人という人格を有し、一体として経済的に動くものであるが、要は赤い血の通った心臓が動いている〝人間〟の集合体ということである。そういった会社の再建を心掛ける時〝再建弁護士としての正義〟とは何かと

♬

「そうだうれしいんだ
生きるよろこび
たとえ胸の傷がいたんでも

なんのために生まれて
なにをして生きるのか
こたえられないなんて
そんなのはいやだ！
今を生きることで
熱いこころ燃える
だから君はいくんだ
ほほえんで
（中略）
なにが君のしあわせ
なにをしてよろこぶ
わからないままおわる
そんなのはいやだ！
忘れないで夢を
こぼさないで涙
だから君はとぶんだ
どこまでも
そうだおそれないで
みんなのために
愛と勇気だけがともだちさ
ああ　アンパンマン
やさしい君は
いけ！　みんなの夢まもるため

時ははやくすぎる
光る星は消える
だから君はいくんだ
ほほえんで
（中略）
たとえどんな敵があいてでも
（省略）」

──「アンパンマンのマーチ」[8]より──

いうことを常に頭と心に刻んで弁護士業務を遂行していかなければならない。

▼どうしても譲れないもの、本当に大切なもの、自分の命に代えてでも守らなければならないものとは何か？

一般人ならば〝命に代える〟などはしてはいけない。しかし、社会正義と人権擁護を〝使命〟とする〝高い倫理観〟を要求され、〝他者の利〟を求める我々弁護士というプロフェッショナルは、その職に就いた以上、自分の命に代えてでも守らなければならないものは、その〝使命感〟のもと、それは「弁護士としての正義」であろう。

哲学の祖と言われる「ソクラテス[9]」の弟子のプラトンが〝ソクラテス裁判〟の備忘記録として描いた『ソクラテスの弁明』が〝弁護士としての正義とは何か〟との問いをひも解くキーワードになると思われる。

ソクラテスと言えば「無知の知（良心）[10]」があまりにも有名であるが、私は生死のかかった法廷で不正な裁判＝死刑判決を受けることに対し、〝逃げない〟〝怯まない〟〝自己の研鑽を積み、築き上げた「正義」を貫き通す〟〝正義は不正（裁判）に勝る〟という〝信念〟を命を懸けて守り通したソクラテスの〝生き様〟を見習いたい。

以下に、『ソクラテスの弁明』について触れ、社会正義と人権擁護を「使命」とする〝弁護士の正義〟を考えるヒントとして欲しい。

ソクラテスは国家が認めた神を認めず若者を堕落させた罪の〝濡れ衣〟を着せられ裁かれる。

ソクラテスは、「真の知を追求し魂の世話を図ることを薦めることは神から与えられた自分の〝使命〟であって、たとえ国家の命令がこのことを禁じようとも自分にはやめることはできない」と〝弁明〟し、ソクラテスは追放刑を提案して死刑を免れることもできたが、それをせず、間違っていると思う事には忌憚なく異議を唱え、告発者アニュトスの求刑を承諾し、死刑の評決を受ける。

ソクラテスは五〇〇人の裁判員に向かって言った。

「長年貧乏もいとわず何人にも家族のごとく接し、無報酬で〝徳の追求〟を説くような行為は人間業ではなく神の賜物である」

▼魂の世話[11]
「君達は（中略）お金をできる限り多く手に入ることに気を使い、そして評判や名誉には気を使っても、知恵や真実には気を使わず、魂をできるだけ優れたものにすることにも気を使わず、心配もしない。君達はそれで恥ずかしくないのか!!」

〝「正義」に反することが自分（ソクラテス）にとっては死刑その他の刑罰

よりも大きな禍である〟

ソクラテス

▼生きている意味

某高校で高校生相手に講演をした時のことだ。弁護士の講演ということで裁判員裁判制度での〝法廷〟の話をするためこの『ソクラテスの弁明』の話を少しだけしてみた。

「キミ達高校生は、『命に代えても守りたいものは何か？』なんて、そんな大層なことは、今は考えなくていい。ただ、言えることはキミ達のお父さん、お母さんはきっとキミ達のことを〝命に代えても守りたい〟と思っているはずだ。口には出さないけど、キミ達が元気でいてくれるだけでお父さん、お母さんは〝幸せ〟だと思う。だからキミ達は友人関係や試験の点数で悩むことはいっぱいあるだろうけど親から与えられたこの命をそして今を精一杯生きて行けばいい。突然、人生の幕を下ろされ、生きたくても生きられなかった高校生達がいることを忘れないで欲しい。そして、彼らの分まで生き抜いてほしい。生きていることは決して当たり前なんかじゃないのだから!!」

第5 債権者・債務者それぞれの〝正義〟とは何か

弁護士として進み歩んでいくうえで今やろうとしていることが、〝正しいことかどうか〟と自問することが常にある。〝正義〟というのはひとつではない。会社に絡む利害関係人それぞれに〝正義〟があるかと思う。

▼経営者としての正義

例えば〝経営者としての正義〟とはなんであろうか。それは雇用を守っていかなければならないだろうし、それから取引先、債権者等会社に関与する〝利害関係人〟らを守っていかなければならない。そして〝お客様の思い出〟を守っていかなければならない。

▼金融機関としての正義

これに対峙する債権者の立場ではどうか。私は金融機関と毎日、膝を突き合わせて話をしている。では〝金融機関の正義〟っていうのは何だろうか。一般的には〝債権回収の極大化〟と言われているが、果たしてそれだけだろうか。〝経済合理性〟が正か悪かを分けるメルクマールに使われているが、それ以外の〝その奥〟にあるものは何だろうか？

その答えを探る鍵は〝銀行法一条[12]〟にある。要するに、金融という血流の供給を通して中小企業も含めた世の中の〝経済の活性化〟を後押しして銀行が地域に還元し、究極的には、そこで働く人々の雇用を確保して、ある意味では〝夢〟を持たせるというのが〝銀行法一条〟に謳ってあるわけだ。

金融庁からも「中小企業・小規模事業者に対する金融の円滑化」について〝積極的な支援〟をするようにとの「通達」が出ているのでその一部を抜粋しておく。

金監第四七二号
平成三〇年二月二六日

年度末における中小企業・小規模事業者に対する金融の円滑化について

（中略）

金融機関による金融の円滑化への取組みは着実に行われてきておりますが、当庁としては、年度末、更には、それ以降の中小企業・小規模事業者の資金繰りに万全を期す必要があると考えております。

また、金融機関は、円滑な資金供給にとどまらず、それぞれの借り手の経営課題に応じた適切な解決策を提案し、その実行を〝支援〟していくことが求められています。

今般、中小企業庁長官からも、中小企業・小規模事業者に対する年度末金融の円滑化について、周知徹底方の要請があったところです。

ついては、貴協会傘下金融機関に対し、下記を周知徹底方宜しくお願いいたします。

記

(1)　中小企業・小規模事業者の資金繰りに支障が生じないよう、中小企業・小規模事業者から相談があった場合は、その実情に応じてきめ細かく対応し、適切かつ積極的な金融仲介機能の発揮に努めること。

　とりわけ、政府において持続的な経済成長に向けた賃金・最低賃金の引上げを推進していることを踏まえた資金需要に、適切に対応すること。

(2)　「中小企業の経営の改善発達を促進するための中小企業信用保険法等の一部を改正する法律」が四月一日から施行され、新たな信用補完制度の運用も始まることとなる。これを踏まえ、信用保証も含め、担保・保証や財務内容等の過去の実績に必要以上に依存することなく、今まで以上に、事業の内容及びその業界の状況等を踏まえた融資やコンサルティングを行い、企業や産業の成長を〝支援〟すること。

(3)　必要に応じ、地域経済活性化支援機構、日本人材機構、中小企業再生支援協議会等の外部機関や外部専門家とも連携しつつ、コンサルティング機能を十分に発揮し、それぞれの借り手の真の意味での経営改善が図られるよう積極的に〝支援〟すること。

（中略）

(6)　上記(1)から(5)までの取組みについて、営業現場の第一線まで浸透させ、組織全体として、積極的に取り組むこと。

以上

第6 宮本武蔵[13]の生き方

六一年の生涯を戦いの真っ只中を走り続けた宮本武蔵について考えてみたい。

なぜ武蔵はその生涯を生死をかけた戦いに費やしたのであろうか。私の勝手な解釈であるが、武蔵は〝剣の道〟を極めたかったからなのではないか。武蔵も人間であり、恐怖心との戦いの中、勝つための〝戦略〟として奇抜だが理にかなった〝二刀流〟を生み出し〝智〟としての自然を味方につける戦法を活用した。その戦法の技術的解説書が『五輪書』であり、その戦法を活用できる強靭な肉体と精神の鍛錬として人間武蔵の生き方〝魂〟を説いたのが『独行道』である。

この『独行道』には生涯無敗の武蔵の〝生き方〟が書かれているが、その『独行道』に記されたいくつかの言葉は私の弁護士としての〝生き方（道）〟にも影響しているので、その中でも特に心にとどめている言葉を記しておく。

『独行道』のはじめに〝世々の道そむく事なし〟（世の中の様々な〝道〟に背いてはいけない）がある。

物事に過度に依存すると人は人生において「影響を受ける」側になってくる。むしろ、赤い血の流れる人としての正しい倫理観・〝心〟を持って自分の理想とする生き方を貫き「影響を与える」側になることが〝弁護士道〟としては重要である。

また、〝我事において後悔をせず〟(自分のしたことに後悔をしてはいけない)

弁護士は、自分の理念、理想、自己犠牲の精神で真摯に他人の幸せのために行動すれば、そして己の行動に一点の曇りもなければ、その結果がどうであれ〝後悔〟することなどないはずである。

〝仏神は貴し、仏神をたのまず〟(仏や神は貴いけれどこれを頼りにしてはいけない。他力本願でなく自力本願でなければならない)

宮本武蔵

弁護士は、事の結果を運頼みにしてはいけない。勝つための戦略、そして勇気ある行動を示さなければならない。

〝善悪に他をねたむ心なし〟(良くも悪くも他人を嫉妬してはならない)

宮本武蔵

他人は他人、何を言われようと我が正義の道を貫くべきである。

〝身をあさく思い、世をふかく思ふ〟（自己中心的な心を捨て、世の中を深く考えること）
宮本武蔵

自己を捨てて〝他利〟を貫くべきである。

〝朝（あした）に道を聞かば、夕べに死すとも可なり〟（朝に人としての大切な道を知ることができればその晩に死んでも心残りはない）
孔子[14]

弁護士たるもの特に人の目や噂を気にしすぎて自分の〝志〟や〝道〟を踏み外すことがないようにしなければならない。

〝世の人は我を何とも言わばいえ、我が成す事は我のみぞ知る〟
坂本龍馬[15]

第7　再建弁護士は〝説得者〟[16]でなければならない

経営学者のピーター・ドラッカーは、その著書『マネジメント』（ダイヤモンド社）の中で組織運営に絶対不可欠な要素としてインテグリティ（integrity＝高潔さ、誠実さ）ということを記している。

その意味は「自分が正しいと思い、信じている事柄については〝正直〟であり、強くある状態のこと」を言う。

自分が〝正しい〟と思い作り出した理念は〝信念〟として貫き通し、皆へ影響を与え、状況をより正しい方向（幸せ）に導いていかなければならない。それはまさに崖っぷちの企業を救済する〝指導者〟であり〝説得者〟である弁護士の生き方（道）であろう。

▼再建弁護士に必要な力量

本項は、弁護士といっても権利関係が複雑に絡み合った倒産事件を扱う〝再建弁護士に必要な力量〟について話してみたい。

一般的な弁護士の活躍の場たる裁判所等の訴訟の場では「交渉」（negotiation）に重きがおかれるため、〝債務者（依頼者）側の視点〟に立たなければ成り立たない。なぜなら債務者（依頼者）を少しでも有利に導くための駆け引きや条件闘争の場だからである。タフなネゴシエイトが要求されよう。

これに対し、「再建弁護士」は〝債権者を含む利害関係人側の視点〟に立たなければ成り立たない。

なぜなら「会社再建」は駆け引きや条件闘争の場ではなく、債権者各々が主張する〝権利〟をそれはそれで〝正当〟と認めた上で、その上で再建弁護士自ら極めた〝正義〟としての企業再建に導く〝指導者〟である必要があるからである。そのためには、会社に関わる利害関係人ら全てに〝幸せ〟をもたらすための「説得」をする力が欠かせないのである。

▼再建事件において闘うべき相手は金融機関ではなく「倒産という悪魔」である

ここで重要なことは〝会社再建という己の欲望が複雑に絡み合う場面〟で闘うべき敵とは〝倒産という悪魔〟であって、金融機関は闘うべき〝敵〟ではないということだ。この倒産という悪魔は人間の心の中に潜んでいる。だから金融機関はむしろ倒産という悪魔と闘うための〝協力者〟であり、再建という〝幸福〟を取り戻すために〝金融マンの矜持〟として自ら血を流す犠牲をいとわず一緒に闘ってもらうよう、そして再建のためになすことは何かを自覚してもらうよう〝説得〟することだ。

1　では〝説得〟を成功させるための〝債権者の視点〟とは何か？
それは、〝金融機関の二面性〟に気付くことから始まる。

金融機関の二面性（金融機関対応）

(1) 債権者VS債務者の〝対立当事者的側面〟（直接的影響）からのアプローチ

「債権カット」の申し出→多大な損失→回答は当然NO!!

そこで、相手を〝説得〟するためには『孫子の兵法』に言う〝利害得失に交わる〟（＝メリット・デメリットを教える）の戦略が重要となる。

○金融機関にとっての数値的メリット・デメリット

・〝債権カット〟をしないと会社は破産→そうなれば破産配当率は0（現実的数値）を示す（デメリット＝この場合の「資料」としては後述の（三二五頁）「清算B／S」による「破産時配当予想表」が必要）

・これに対し〝債権カット〟により過大債務を解消することで会社は安定経営となり将来の収益改善により返済率が上昇する（メリット＝なぜなら金融機関の最大の目的は〝債権回収の極大化〟ゆえ）

・『孫子の兵法』[17]（九地）に〝呉越同舟〟という言葉がある。

これは、互いに戦っていた呉の軍と越の軍が同じ舟に乗り合わせ、濁流にのまれ沈没しそうになった時、敵でありながら右の手左の手よろしく互いに力を出し合って漕ぎ始め、濁流を逃れ、沈没を免れた例である。

〝正常時〟においては己の権利を主張することは無論問題ないが、倒産という〝異常時〟にあっては大局を乗り切るため互いの権利を〝譲歩〟して債権者債務者共に再建に向けて心を一つにして舟を漕ぐことが倒産を防ぐ要である(メリット)。

(2) 〝地域金融機関としての役割等の本質論〟(間接的影響)からのアプローチ

〝金融機関の本質〟(金融機関の使命・役割)を再認識してもらう。

銀行法一条の趣旨からしても金融仲介業務を通じて地域経済の発展に寄与することが金融機関の〝使命、役割〟であることは間違いがない(三二頁参照)。

会社が〝破綻〟すると

・取引先↓売上高の減少、資金繰りの悪化による連鎖倒産 ・従業員↓雇用の喪失等によって人生を不幸にさせる ・地域↓疲弊(活気がなくなる=経済的損失)

⬅

これらはとりもなおさずその地域に支えられ、その金融の中心たる銀行にじわじわとマイナスの影響を与えていく

⬅

その結果、銀行本体の経営をも蝕んでいく(存立の目的であり最大の意義である地域経済の発展に寄与することが難しくなる)

2　不信感、疑心暗鬼に陥っている金融機関への〝説得〟が〝功を奏する〟にはどのような点に留意すべきか？

(1)　一つ目は、再建の四大原則（公正、衡平、履行の確実性、透明性）の遵守──適正・経済合理性

(2)　二つ目は、『孫子の兵法』〝彼を知り己を知れば百戦殆からず〟（敵味方の実力・情勢をよく理解していれば、百戦しても負けることはない）

まずは、債権者たる金融機関が〝最もして欲しくないこと〟を知ること（〝債権者の心理〟）

▼してはいけないこと　その1　不平等弁済

①　金額の多寡を憂えず、等しからざるを憂う＝平等原則[18]

読者の方々はびっくりするかもしれないが、資金繰りの苦しい会社がこれまで毎月一〇〇万円の返済をしていたとしよう。しかし、どうにも資金繰りが続かないので毎月一〇万円の返済に〝減額〟して欲しいとお願いしたとする。どうなるか？

当然金融機関は困惑するが、資金繰りが苦しくお金がないのだからやむを得ないとしぶしぶでも応じてくれるものだ。

この場合〝期限の利益の喪失〟を過度に恐れる必要はない。なぜなら〝期限の利益〟を

喪失させて違約金利一四・六%を請求したところでもともと元金すら支払えない会社が一四・六%の違約金利を支払えるわけがない。金融機関自身が自分で自分の首を絞めるようなものだ。「保証協会付きの債権」については代位弁済してもらえば足り、その後は保証協会と話をすれば足りるだけである。なぜなら「保証協会」も二〇一七年六月の「法改正」で「中小企業の再建支援を業務とする」と〝明文化〟されたから安心されたい。

それよりも〝金融機関が一番困る〟のが自分のところには月々一〇万円に減額返済しながら貸出額が約半分の金融機関に対して月々五万円でなくて従来どおり三〇万円等を返済しているような場合だ。プロラタ(平等)弁済に反するような対応は金融機関の信頼を得られない。

▼してはいけないこと　その2　不平等情報供与

② 知らざるを憂う=情報開示(公正・適正性の判断材料)↓公認会計士等専門家による財務DDの実施、月次報告書の提出

私に言わせるとこれまで放置、無関心でいた金融機関にも全く非がないわけではないと思うが、会社の「支払不能」[19]という会社の危機を伝えた以上、危機を知った金融機関としては全く無関心でいるわけにはいかない。情報を〝正直〟に提供して一緒に会社の再建を考えて行こうという姿勢が大切なのである。

ここでも〝情報の共有の平等性〟は重要である。ある金融機関には知らせ、ある金融機

関には知らせないという対応は不信感を生み一番よくない。
以上から金融債権者自身が〝抜本再生（債権カット）の必要性〟に気付いていただければ、中小零細企業の〝再生〟に大きく近づいたと言っても過言ではない。

第8 弁護士は指導者たれ

〝事をなさんとすれば、智と勇と仁を蓄えねばならぬ〟

坂本龍馬

▼コンプライアンス違反の会社に対して

弁護士は〝依頼者の利益を守る〟ことはその役割から当然であるが、これは依頼者の言いなりになるということではない。食い扶持のために尻尾を振る犬《ポチ》になってはいけない。ときに依頼者は自己の利益を図るために〝コンプライアンス〟に反することをする場合がある。例えば会社が窮境に陥った場合、会社財産を隠し[20]たり、ある特定の第三者に対してだけ弁済[21]をしたりすることがある。会社の決算書が〝粉飾[22]〟していたりすることがある。

もし弁護士がそれらの不公平、不正を知ったならば、それは誤りであるからしてはいけない、とか元に戻すように、あるいは〝正直〟に告白するように、とその〝是正〟を促さなければならない。

経営者に対しては事ここに至っては〝ジタバタするな〟〝正直でいよ〟〝正直〟にすることに不安があるのであれば、〝正直であれば私が必ず護るから〟〝私がいつも側にいるから〟と安心させることが要求されよう。

弁護士は、将来の見通しが立たない不安、或いは嘘（悪しき行い）がばれるのではないかとの不安の中にある経営者に誤ったことをさせずに信義[23]に基づき正しき道に導く〝指導者〟でなければならない。

▼辞任の選択

孫子には戦いにあっての〝勝ち方のパターン〟がいくつか列挙されている。

〝君命には受けざるところあり〟

孫子

万一、〝正直〟であれとの忠言を聞かない依頼者であれば不信感を有する全利害関係人の〝信頼回復〟が必須とされる再建事件の大前提が守れず再建弁護士としては〝辞任〟する勇気も必要である。

コラム　辞任事案の概要

強制執行寸前という段階である経営危機に陥った会社から再建の依頼を受け、担保権者である銀行を説得した時のことだ。

その銀行は会社の商品すべてに「動産譲渡担保権」（ＡＢＬ）の動産譲渡登記も設定し且つ〝明認方法〟のための公示書を貼付け、いつでもその商品を換価して強制回収できる立場にいた。担保権を実行され、強制換価されたら会社はおしまいだ（倒産）。しかるに、その会社は売掛金や運転資金としての借入金を銀行には内緒で子会社の借入金の返済のために回していた。このコンプライアンス違反が銀行の知るところとなった。担保権の実行を通告された社長は慌てて私の事務所に飛び込んできた。かくして私はこの会社の再建を始めた。すぐに担保権者たる銀行に面会を申し入れた。

○再建専門弁護士の信用補完機能の活用

当該銀行の顧問弁護士が「再建実績の豊富な村松弁護士なら安心して任せられる」と銀行役員に忠言してくれた。感謝である。加えて銀行役員が私のライフワークとしている帝国データバンク発行の帝国ニュースで「熱血弁護士が駆ける！」を読んでくれており、〝私の人間性、再建哲学〟を理解してくれていたことが幸いし、担保権者たる銀行としては件の社長は信頼できないが、代理人たる弁護士村松謙一は〝信頼〟できると言って「担保商品の売却代金が今後正当に使われるためには会社の〝ガバナンス〟を是正するため代理人弁護士村松謙一に会社の実印及び株を預けるよう」会社の社長に強く求めた。

在庫商品が人質にとられており、明日にでも担保権を実行されれば会社は一巻の終わりだ。そうなれば従業員とそのご家族の生活も崩壊してしまう。そこで、「せっかく銀行が私を信用してくれるのならここは私に任せて欲しい。私が銀行を説得して私が会社の実印と株を預かり、銀行の指名する第三者から会社の役員を一人派遣してもらい、件の会社の〝ガバナンス〟が是正されることが明確になれば、銀行を味方につけたも同じである。商品の担保権実行をしないように、今後は村松弁護士の指導による会社再建に協力する旨の『別除権受戻し弁済協定』合意を取り付けるよう〝説得〟しているから『別除権受戻し弁済協定』締結の条件となる会社実印と株を安心して私に預けて欲しい」と会社社長に求めるものの会社社長は会社の実印と株を私に預けることを頑なに拒んだ。

私の説得すべき相手は銀行でなく社長となった。しかし、銀行に脅え、不信感を抱いていた社長は、担保権実行（＝倒産）のトリガーを握っている銀行を最後まで〝信用〟するには至らなかった。ここに至ってはもはや銀行を信頼し、再建の最大の協力者として共に歩もうとしている私を信用してくれない以上、担保権の実行を既に役員会で決定している銀行をこれ以上〝説得〟することも困難となり私は〝辞任〟[24]の道を選んだ。

その後、数カ月して銀行は「動産譲渡担保権」を実行し、会社は「破産」になったと風の便りに聞いている。

第9 〝弁護士の矜持〟

1 弁護士は〝覚悟〟を決めよ

とかく再建弁護士は事件を何とか円満に成立させようとするあまり、依頼者である弱き中小零細企業の経営者の心の声に耳を塞ぎ、安易に債権者である強き金融機関のほうに顔を向けすぎてはいないだろうか？（〝経営者交代の圧力〟や〝抜本再生のための債権カット〟については体験記8参照・二三八頁）

パナソニック創業者松下幸之助氏のこの言葉が当てはまる。

〝人生には損得を超越した一面、自分がこれと決めたものには「命」をかけてでもそれに邁進するという一面があってもよい〟

松下幸之助[25]

▼清水次郎長の行動から

私の生まれ育った静岡県清水区（旧清水市）に「清水次郎長《しみずのじろちょう》」[26]がいる。お国柄幼少の頃から清水次郎長の話を聞かされて育った私は清水次郎長の行動を模範として行動している。

私が弁護士になった〝動機〟の一つに清水次郎長がある。困っている人をみたら一肌も二肌も脱ぐ。〝正論〟で自分が間違っていないなら法も怖くない。怯むな！　と子供の頃から教えられて育ってきた。

この清水次郎長（若い頃は東海の暴れん坊の異名をとった博徒である）の以下の行動に読者は何を感じるだろうか？

幕末（慶応四年＝明治元年）次郎長四九歳の時、京都で鳥羽伏見の戦いがあった時のことだ。幕府の軍艦「咸臨丸」が清水港内で沈没し、おびただしい幕府軍の兵士の遺体が清水港に浮かぶ。しかし、「賊軍に加担する者は厳罰に処す」との御触れが出て誰もその遺体に触れられない。そこで、次郎長は「不仁のために仁をなさずんば」と啖呵を切り、港に浮かぶ幕府軍の遺体の回収を行う。

すると、官軍の役所に出頭を命じられ、「賊兵を葬るとはお上を恐れぬ行動」と断罪を申し渡される。

しかし、次郎長は「敵だろうが味方だろうが死ねば〝仏〟だ。〝仏〟に官軍も徳川もない。〝仏〟を埋葬することが悪いというのなら次郎長はどんな罪でも喜んでお受けいたします」と啖呵を切って突っぱねた。〝仁の人〟清水次郎長は体を張って〝世のため人のため〟に〝尽くした〟のである。

この話を聞いた山岡鉄舟が〝次郎長のこの行動〟に深く感動し、以後、彼との関係を深めていったという。

▼命がけの出会いを大切にする

例えば医者は自分の専門科を標榜する。人生に影響を与える弁護士も「専門性」がある。しかし、私が弁護士になったばかりの頃は、弁護士は専門分野を明示してはいけないという広告禁止の法律があった。しかし、私は自分の専門分野が「会社再建だ」と一貫して掲げてきた。依頼者目線になれば当然のことだ。もし、それで法律違反で懲戒となるならどうぞやってください。法律の方が〝正義〟ではないから。そんな気持ちだった。まさに法など恐れない〝正論〟（正義）なら押し通すという次郎長精神が私のどこかに流れているのだ。

重大な局面や難局に接したとき、私は以下の言葉を頭に思い浮かべ、〝前に〟進むことにしている。

〝良心に照らして少しもやましいところがなければ、何を悩むことがあろうか、何を恐れることがあろうか〟

孔子[27]

〝道を志した者が不幸や罪になることを恐れ、将来につけを残すことを黙ってただ受け入れるなどは、君子の学問を学ぶ者がすることではない〟

吉田松陰[28]

関西の某信用保証協会との攻防 ▼ 体験記2

〝弁護士の矜持〟については関西のある家具製造メーカーのA社（並びに関連会社東北のB社）の〝私的再建〟の話が参考になると思われるので以下に記しておく。

▼手続の流れ

準則型私的整理（リ・スケジュール↓抜本再生）

〔事案〕

この会社は、一度は中小企業再生支援協議会[29]の中で、「リ・スケジュール方針」にて、全金融機関の了解を得て再生の第一歩を歩み出した会社であった。しかし、〝過大な金融債務〟はそのままであったし、売上高も右肩上がりで成長する事業計画であったたから、毎月の金利支払だけでも相当な負担を強いられ、遂にはそのままでは資金が数カ月後には枯渇するという〝資金ショート〟必至の状態で、当事務所に駆け込んできた会社であった。

▼当事務所の方針

当事務所の診断は、扱う商品の性質から見ても売上高の右肩上がりの成長性はとても望めず、B/S面で借入金の大幅な〝債権カットの抜本再生〟でなければ再生はできないとの事業再生方針を示して本件を引き受けた。

▼金融機関の抵抗

〝抜本再生〟に向けてバンクミーティングが開始された。

しかし、金融機関は皆不満顔であった。それはそうだろう。せっかく〝リ・スケジュール〟で、A社・B社の再生がまとまったのに、一年も経たぬうちに「大幅な債権カットを前提に再生の協議を進めたい」では不満も出よう。

「しかし、逆に、〝リ・スケジュール〟でまとまったのに、外部経済環境状況が、何の変化もないのに、一年も経たぬうちに資金破綻するような計画を作成して、OKを出した金融機関にも単なる先延ばしに過ぎず、〝目利き能力〟がなかったということではないか。A社・B社の会社の実態、〝本当の返済能力〟から目を離してはいけない。本当の、A社・B社の実力からは、今の有利子負債はB/S上も〝過大〟すぎるし、P/L面での損益にも影響を与える。〝債権カット〟を骨子とした抜本再生以外に、A社・B社の再生の手はない」と私は力説した。次回は、財務DD、事業DDの為の調査報告会を開催することを約束して、「第一回のバンクミーティング」は終了した。

永続的安定的に会社を継続させるため、会社の真の返済能力の実態を理解してもらうために公認会計士や、不動産鑑定士、中小企業診断士等の専門家による〝財務査定〟〝事業査定〟〝不動産査定〟等のＤＤ調査を含め、その後五回のバンクミーティングを二年越しで開催してきた。

▼再生支援協議会の抵抗

すると、スポンサーなしの〝純粋私的再生〟で〝債権カット〟の抜本再生手続を進めるならば、公的機関である関西の支援協議会に再び入って欲しい（準則的な私的再生）との意見が大半であった。確かに、〝事実上の債権カット〟の再建事案だけに、銀行側としての意見も理解できないわけではないので、支援協議会に再びの関与の依頼を打診するも、「今すぐにはできない」との回答であった。そのため、更に一年間、当事務所主導でバンクミーティングを開催して、相当に具体的な事業再生計画も策定し、いよいよ実行に移すのみであった。

▼関西広域中小企業再生ファンドによる一括買上げ

金融機関への〝抜本再生〟のための第二会社方式による会社分割実施の〝説得〟が膠着状態となったある日、ある金融機関から助け舟が出た。

「Ａ社・Ｂ社ともレビックキャピタルの〝関西広域中小企業再生ファンド〟投資事業有限

責任組合（以下、「再生ファンド」という）を活用して、一〇行の銀行債権を一括買い上げしてもらう〝再生スキーム〟はどうか。そのためにも、どうしても支援協議会等の公的機関の関与が必要となるので、支援協にお願いしてくれないか」と懇請され、私は再生支援協議会の全国本部とも相談し、再度、関西のある支援協議会の門を叩き、「レビックキャピタルが主催する関西広域再生ファンドの一括買い上げスキームでの〝抜本再生事案〟としたいので、ぜひ力を貸して欲しい」と依頼した。

▼再度の支援協議会入り――検証型

支援協議会に支援要請をし、それでもしぶる支援協議会を説得して、何とか手続に入らせてもらうことができた。

すると、今度はこれまで比較的門戸を閉ざし、消極的に見えた支援協議会の方が、むしろ積極的になって私の尻を叩いてきた。

「村松先生、関西広域再生ファンドのクロージングが二〇一八年三月末日[30]とするともうあまり時間がありません。又、一からDD調査等を始めるのでは時間と費用の無駄でしょうし、会社の資金計画も持たないでしょう。ここは、村松先生が約三年かけて実証されてきた〝財務DD、事業DD〟、更には『事業価値算定報告書』等を信用、且つ参考にして当支援協議会で用意する専門家に〝再チェック〟してもらう、いわゆる〝検証〟型の二次対応で行きましょう!!」

「ただ、村松先生……全金融機関の同意を取り付ける必要がありますが、某信用保証協会の対応は大丈夫ですか？　某信用保証協会はこれまでも純粋私的整理の事案での〝債権カット事案〟に容易には同意はしてくれないので、当支援協議会でも難儀していますのや」

「やはりそうですか。隣県の支援協議会の統括マネージャーからも、うちでも某信用保証協会がからむと〝債権カット〟までは中々いかない。債権カットをせずに、事実上負債を一定期間凍結するだけの〝ＤＤＳ〟（デット・デット・スワップ）ですら同意してくれなくて困っていたところです、との報告もいただいております。でも、保証協会制度も、昨年の六月一四日法律第五六号として公布された〝改正法[31]〟では、信用保証協会としても中小企業の再生を支援するのが保証協会の〝業務〟であることが〝明文化〟されていますから、某信用保証協会側に〝前例がない〟からと言っても、本件の会社では〝事業性〟が見られ、社員を雇用する中小零細企業を見殺しにする権利は信用保証協会にもないはずですから、ぜひ過去の悪しき慣習を打ち破っていきましょう。きっと人間同士ですから話せばわかってくれると思いますよ‼」

▼某信用保証協会は〝債権カット〟については極めて厳しい対応であった

しかし、話に聞いていた通り、某信用保証協会の対応は、極めて硬直的であった。

関西の支援協議会主催での「第二回バンクミーティング」が開催された。

案の定、某保証協会からは、「本件が〝債権カット事案〟ではとても認められない、前例が思い当たらない」との回答。

私は、「支援協議会の中で、債権者の金融機関が認めたリ・スケジュール事案で一旦はまとまったのに、それができなかったという事実こそが、本件は〝債権カット〟を骨子とする〝抜本事案〟の〝必要性〟を雄弁に物語っているではないか。〝前例がない〟と言うが、昨年の六月一四日に保証協会法も中小企業の積極支援が〝業務〟であることを明文化し、方針転換したではないか。本件の〝抜本再生方式〟を何とか認めてくれないか。それに、レビックキャピタルの関西広域再生ファンドが、某信用保証協会を含む全金融機関の債権を一定基準で、一括で買い上げるのだから、以前行ったリ・スケジュールの時のような事後に履行ができるか否かの不安もなくなるので、債権者の皆様にとっても〝二次ロス〟の問題は生じないから最適な方法ではないか」と反論する。

「村松先生、当信用保証協会としては、先生の提案する〝債権カットを骨子とする再生計画〟ではとても対応できません!!」

「そうは言っても、昨年六月一四日に保証協会法が〝改正〟される前からも、私が関与した中では、福井県や熊本県や京都や群馬県の信用保証協会は、むしろ、債権カットの〝抜本再生事案〟でありますが、中小企業の救済に立ち上がって、率先して銀行を説得して一緒に銀行を回ってくれた例すらあります。ぜひ、某信用保証協会さんも前向きに検討してくれませんか!!」となおもねばる。

▼保証債権を加算したプロラタ弁済についての異論

私は何度も何度もお願いしたが、某信用保証協会の対応は極めて消極的であった。更に、バンクミーティングの質疑応答の時間の中で、某信用保証協会から〝再生計画の中身〟の質問があった。

(保証協会)「先生、再生計画案の中身の質問ですが、A社を主債務とする債権者が、関連のB社を連帯保証に取っている金融機関があります。或いはその逆の金融機関がありますが、これをそのまま認めると連帯保証を取っている金融機関に配当がたくさんいくことになるのは連帯保証を取っていない金融機関としては〝不公平〟ではないか。本件は、〝私的整理〟なのだから〝連帯保証分〟はノーカウントで配当票を作成してもらいたい」

(弁護士)「しかし、法的破産手続の債権届の場合は簿外の連帯保証債権者も現実化して債権届を出してきて、その連帯保証債権者にも配当する扱いであり、法的手続と私的整理手続を〝別異〟に扱うことはできないから理解して欲しい」

(保)「今回は、〝法的手続〟ではないし、私的再建手続での某保証協会の扱いは、二社相互に襻がけのような事案での連帯保証の扱いはこれまでもノーカウントでしてきたから、今回もそうして欲しい」

(弁)「確かに、A社とB社の連帯保証人が全く同一人物だったら〝合併〟等と同様に、そのように扱うことも合理性があるが、今回は全金融機関が同一でなく微妙に連帯保証人がA社B社とは異なるから、やはり、それぞれの連帯保証人の分も債権額にカウントして配分額を決めるのが公平なのでは。それと、本件は〝私的整理〟だからというが、そもそも私的整理と法的手続を別異に扱うのはおかしい。どちらも同じ再生手続の中の一つであり、法的整理でも求められる公正・衡平・履行の確実性・透明性の理念が私的整理でも求められるからこそ、私的整理の債権者が納得するのですよ」

(保)「いずれにせよ、これまでの当保証協会の扱いがそうなっていますから、村松先生の方でもよく考えて下さい!!」

(弁)「私としては、法的手続きでなく、私的整理だから某信用保証協会さんの扱う方針に変えるということはしていません。配当の公平弁済について、某信用保証協会さんの方こそ会社再建に軸足を移して、〝本件での配当方式〟に理解を示す勇気を出してくれませんか!!」

意見交換は互いに平行線の中で、関西の支援協議会の担当者が〝次回の期日〟を決め、その期日までに今般提出した「第二会社方式での〝会社分割〟を骨子として、〝抜本再生〟による再生計画書」に対し、質問があれば「質問書」を提出し、会社側はそれに誠実に回答するように互いに〝宿題〟を出されて、第六回(関西支援協議会では第二回)のバンクミーティングは終了した。

我々の過去の再生案件での質問はせいぜい多くても一〇件から二〇件であったので、今回もそれくらいだろうと思っていたが、なんと実に九〇を超える質問が某信用保証協会から出された。

▼保証協会から九二に及ぶ質問が出た!!

すると、某信用保証協会からは、何と九二の質問が出された。その質問の多さに唖然とした。なぜなら、質問を出してきた金融機関は、某信用保証協会の他二行に過ぎず、他の金融機関の質問は、せいぜい一〇個前後であったのにである。これは、私の感想でしかないが、もちろん重要と思える質問もあったが、本事業再生の計画に対する〝経済合理性〟を判断するうえで必要不可欠な建設的な内容とは言えない枝葉末節的なものが多くを占めていたように思う。しかし、会社と当事務所の担当M弁護士は夜遅くまで、一つ一つ誠実に対応し、回答を仕上げていった。その中でも、特に目を引いたのが、以下のいくつかの点であった。

▼保証債務相当額のプロラタ弁済の〝加算〟は同意し難い

某信用保証協会担当者は、質問表においてもくどいようだが「保証債務相当額のプロラタ弁済の〝加算〟は同意し難い」と再度強く念を押してきた。

当弁護団は、〝加算〟こそが平等性を保てるし、専門家による意見書も当職らと同意見であると強く説明したことは言うまでもない。

▼将来の履行の確実性について

さらに某信用保証協会は〝将来の履行の確実性〟については、細部にわたって質問をしてきた。

確かに、〝将来の履行の可能性〟については、経営危機に陥った会社であるだけに、限りなく悲観的に見れば、楽観視するには、リスクが大きすぎて〝自主再建方式〟での再生計画に賛成を得るためのハードルは必然高くならざるを得ないことはよくわかる。反対するための理由付けになるからだ。

しかしだ。本件は、関西広域再生ファンドによる債権一括買上げの特殊事案であり、将来に履行を残さない。換言すれば、将来の返済履行頓挫の不安はない。質問の意図が全く不明であった。もし、債権カット後の残債権の返済履行を〝心配〟するとすれば、某信用保証協会ではなく、ファンドから再度債権を引き受ける、出口となる新規融資金融機関である。本件では、当該新規融資金融機関は、その点を十分に検討した上で、ファンドからの〝再買取り〟を検討し、〝ＯＫ〟を出して来ているのであるから、某信用保証協会の〝心配〟は余計なお世話とも言えるし、この点をもって反対する〝合理的な理由〟はないはずだ。

むしろ、某信用保証協会として心配すべきは、〝債権カット額の適正さ〟（不等価売買の適正性）換言すれば、〝過剰支援〟にならないか？　であろう。しかし、この点も、専門家による「検証報告書」で、単なる「リ・スケジュール」ではなく、「債権カット」による〝抜本再生〟支援の〝必要性〟、債権カット額の〝相当性〟が「検証」されているから、それを信用すれば十分ではなかろうか。

▼会社を再生させる意義・会社再建の本質

さらに某信用保証協会の質問には、「本件の会社には、再生させるだけの意義があるのだろうか?」と再生を疑問視するような内容の質問もあった。

〝素人の一般第三者〟からの素朴な疑問ならこのような質問もわかるが、特に「改正法」で中小企業の支援を業務と明記された専門の保証協会だけに再度確認しておきたい。この種の質問は、某信用保証協会だけでなく、過去他の案件でのバンクミーティングの席上でも金融機関から問われたことがある。〝再建の本質〟として大事な点なので詳しく説明したい。

〝人〟〝物〟〝金〟で成り立つ会社は、〝存在〟することで相当なる関与者(利害関係人)に〝影響〟を与えており、人の問題としても、そこで仕事に従事する社員その家族がいる。だから、〝余程の悪質な会社〟でなければ、世の中に不必要な会社などありはしまい。だから会社の〝存続〟は必要なのだ。

「企業は、本来会社を構成する人々の〝幸せ〟の増大のためにあるべきであり、そのために大事なことは、会社が〝永続〟することだ」と出光興産創業者出光佐三氏は言っているが、その通りだと思う。むしろ、新しい「改正法」で企業の経営支援を〝業務〟と明記し、経営支援を〝業務〟とする保証協会としては、会社の〝欠点〟を見るのではなく、まずは会社自体の〝存在意義〟を認めて、一生懸命に生きようとしている会社の背中を後押しする位の気概が持てないものなのか。「本件会社を再生させる意義が果たしてあるのだろうか?」とのこの種の質問自体に、私は某信用保証協会としての〝再生に対する基本姿勢〟が現れており、誠に残念な気持ちと、落胆せざるを得ない悲しい気持ちになったのである。

▼千葉県信用保証協会と長野県信用保証協会の取組み

この点、他の県の信用保証協会の〝債権カット〟に対する扱いについて、「千葉県信用保証協会」と「長野県信用保証協会」の再生支援の取り組みが掲載されているので紹介する[32]。

▼千葉県信用保証協会の取組み

〝求償債権の放棄〟等の〝抜本的な再生支援〟についても当協会では、県内中小企業の事業再生のために〝積極的に取り組んでいる〟としている（上表参照）。

	平成25年	平成26年	平成27年	平成28年
件数	68件	118件	49件	40件
内抜本的再生支援	14件	13件	12件	13件

※千葉県信用保証協会の抜本的再生支援の件数

抜本再生事例の一つとして、「当協会を含む全一一金融機関の債権を再生ファンドへ不等価譲渡した後、第二会社による〝実質的債権放棄〟」の例（いわゆる第二会社方式）を紹介し、更に、特に千葉県信用保証協会の〝特徴〟として「当協会を含めた県内の金融機関が自らの都合のみを優先させることなく、〝衡平の原則〟に沿った対応を行い、県内中小企業者の事業再生に必要であれば〝抜本的な再生支援〟だけでなく新規融資に対しても前向きに取り組む等の〝特徴〟がある」と報告している。更に、平成二九年六月一四日法律第五六号として公布された〝改正法〟を受けて、「そうしたなか、信用保証協会の業務に『経営支援』を追加する『法律』が先の国会で可決・成立しており、経営支援に対する取組み姿勢はぶれることなく、さらに加速させていかなければならない。中小企業者にとって付加価値の高い〝経営支援〟に取組むことで、〝地域経済への貢献〟という信用保証協会に求められる役割を果たすこととしたい」と締めくくっている。

▼長野県信用保証協会の取組み

同じく、「長野県信用保証協会」においても「長野県では、県内に本店を構えるすべての地域金融機関が中小企業再生支援協議会を活用した〝抜本再生案件〟に取組んでいる。〝抜本処理〟は全国的に活発な利用状況であり、企業再生には有効な手法であることに異論はない」まさに、保証協会の存在意義・役割を自覚し、真摯に中小企業の再生に取組んでいる姿勢は人間としても素晴らしいものがあるし、当該地域の中小零細企業にとっては、何よりも〝勇気と希望〟を与えられることだろう。

本件の某信用保証協会も、〝リスケ事案〟で失敗した会社だけに、現実の返済能力から見て、真の再生を目指すためには、〝過剰債務〟等による債権放棄等の抜本再生が必要な事案であることはわかるだろう。とすれば、形式的・硬直的に抜本再生に拒絶反応を示すだけでなく、ぜひ、掲載された千葉県信用保証協会や長野県信用保証協会の取組みと同じ目線で取り組んで欲しいと願うものである。

▼全国本部のF氏が吠える

レビックキャピタルによる関西広域再生ファンドによる一括買上げ（不等価売買）に基づく第二会社方式の再生計画案に対するレビックキャピタル側のクロージングがあと二カ月後に迫っていたので、イエスかノーかの期限を一カ月後に決めるための手続を進める必要があったので、第七回のバンクミーティングを開催した。質問も既に出揃ったと思ったころ、再び某信用保証協会から連帯保証債権の取り扱いに対する質問が出た。

私は、「再生ファンドのクロージングの期日から逆算して今月末日までに保証協会としての結論をまとめて欲しい」とお願いすると、

（保証協会）「時間的にそんなに早く組織としての結論は出ません!!」

（弁護士）「できないと言ったって、もう既にほかの大半の金融機関は、その期間内で結論を出す方針であると言っていますし、今回は会社が自力で一〇年以上かけて返済するという自力再生型ではなく、レビックキャピタルの関西広域再生ファンドが一括で買い上げていただけるという中小企業の再生を後押しする最後のファンド活用案件です。この機会を逃すと、もうファンドの活用は望めません。ぜひ、今月末日までの内にイエスかノーかでもいいから〝組織〟としての結論を出せるように協会内で動いてくれませんか。お願いします」

（保）「時間的に間に合うかどうか……それと、まだ質問もありますし……」

「それって、いじめじゃないですか!!」

この反応を見ていた全国本部から応援に駆け付けたF氏がたまりかねて口をはさんだ。F氏は、私とは三〇年来の付き合いで、事業再生の本質を求め真摯に取り組んでいる熱い男である。

「某信用保証協会さんの今回の連帯保証の扱いについての九二にも及ぶ質問についても、全国本部でも協議していますし信用保証協会が懸念している債権配当についての〝連帯保証人の扱い〟についても、今般は再建分野の第一人者である東京弁護士会の綾克己弁護士に法的に問題はなしとの『意見書』を提出してもらっておりますし、本日も綾弁護士に出席してもらって、先程意見発表されていたのを聞いていたじゃないですか!! 膨大な質問を出した後、レビックキャピタルの関西広域再生ファンドの一括買上げの〝期間が間近に迫っている〟のをわかっていて、更に再び質問を出すのは再生に協力しないと言っているのと同じじゃないですか!! 何とか協会内でクロージングの期間までの間に意見をまとめてもらえませんか?」

〝いったん志を抱けばこの志にむかって事が進捗するような手段のみをとりいやしくも弱気を発してはいけない。たとえその目的が成就できなくてもその目的への道中で死ぬべきだ〟

坂本龍馬

▼弁護士も吠える

全国本部のF氏がいじめじゃないかと吠えたのは、以下の事情からであった。

再生中の会社は〝疲弊〟しており、まさに〝弱者〟そのものである。その〝弱者〟を支えるのが〝支援〟というものだろう。その〝支援〟を〝業務〟と明記している信用保証協会自体が再生会社を応援するというよりも、むしろ、その〝弱者〟の欠点（マイナス面）をあげつらい、なんと一〇〇に近い尋常でない否定的な内容の質問をしてくること、さらには再生のための〝クロージング最終期限〟という最重要な点を気にすることの無いような対応を取ることは、〝支援業務〟どころか、まさに「弱者に対する〝いじめ〟」と評価されても仕方がないのではなかろうか。弱者の再生に真摯に取り組むが故に熱き心で出た言葉なのである。

続けて私も吠えた。

「昨年の六月一四日に〝改正〟された『保証協会法』でも、これまでと違い、中小企業の再生支援が保証協会の〝業務〟であると〝明記〟されました。もし、既に九二の質問に〝回答〟させてもらったのにもかかわらず、そして、再生の第一人者である綾弁護士らによる『検証意見書』でも、抜本再生の必要性・相当性が明記され、更に連帯保証債務の取り扱いについても〝平等性〟が保たれ、何ら問題ない旨検証してくれているのですよ。それにも関わらず、某保証協会内でも、未だA社の再生に問題があると言うのであれば、私が保証協会の代表理事長に再生の必要性・平等性・合理性の説明書を上申します!!」

▼再生支援協議会の統括部長も吠える

たまりかねたのか、関西の再生支援協議会の統括部長からも、「我々支援協議会も、当初は〝リ・スケジュール〟で十分やれるとして再生計画を完成させたが、実はそれが無理だと言うことだったことも反省し、〝抜本再生の必要性〟を十分に記載し、且つ、専門家も検討し、A社・B社の再建は、第二会社方式で、事実上の債権カットを骨子とする再生計画が最善であり、〝合理性〟があると考えている。しかも、今回は、〝関西広域再生ファンドの一括買上げ〟で、後日の履行の問題も残さない。『企業価値算定報告書』からも不等価売買の合理性は見出せる。大事なことは、この期を逃がすと、万一、A社・B社が〝破産〟となると、某保証協会も含めた金融債権者への〝被害は拡大〟してしまう。〝債権回収の極大化〟という債権者の目的から見ても、経済合理性を有し、十分検討に値する再生計画だと思う。ぜひ、某保証協会としても、その点を考えて○○日まで、もし間に合わなければ数日の遅れは構わないので、何らかの結論だけでも出して欲しい!!」という発言。

今回は、あれだけ頑なに門戸を閉ざしていた関西の中小企業再生支援協議会も、単なる〝傍観者〟ではなく、むしろ、〝当事者〟としての自分のことの様に強い口調で金融機関に頭を下げお願いしてくれた。有難いことだ。

「意見書」を書いてくれた綾弁護士に対しても、「万一、綾弁護士の『意見書』でも某保証協会がそれでも納得しないのなら、私は関西の再生支援協議会を出てでも私主導で会社分割を実行して会社を再生する強い意志があるから安心して下さい」と言葉を掛けた。

綾弁護士の「意見書」があれ程頑なだった某信用保証協会が、〝抜本再生〟を認める方向に舵を切ったと言える大きな意義を有するものと考えるので、私的再建手続と法的再建手続とを別異に扱う即ち、〝ダブルスタンダード〟は〝誤り〟であることを明言した優れた論文なので、同様な問題を抱える信用保証協会や金融機関の問題視に対する回答と、将来の事業再生のためにも、以下に「意見書」の一部を抜粋する。

○綾克己弁護士による〝検証〟報告書抜粋

本件再生計画の検証

1　金融支援の必要性

上記第2．1のとおり、会社の〝実態債務超過額〟は××××千円であり、また〝過剰債務額〟も××××千円とされる一方、既に進められている販管費の削減等を前提とした会社の計数計画では〝営業キャッシュフロー〟は毎期○○○千円程度と見込まれ、過去の毎期の支払利息が○○○千円を超える水準であることからしても、今後の会社運営を正常化するためには、現在の会社の〝過剰債務状況〟を解消することが〝必須〟であり、会社分割を用いた第二会社方式によって実質な債務免除を受けるなどの支援が〝必要〟である。

2　金融支援の相当性、衡平性、法的整理との比較における経済的合理性

(1)　金融支援の〝相当性〟

本件再生計画の再生スキームは、事業の将来収益を弁済原資とするものであるが、かかる再生スキームにおいて、会社分割により新会社が承継する有利子負債総額が、会社の将来のキャッシュフローに基づく事業価値評価額を大きく超える場合には、なお収益力に比して過剰な債務を負担しているものと評価でき、〝計画の履行可能性〟にも疑義が生じることから、新会社が有利子負債を承継する総額について〝事業価値〟評価を基準とし、これから逆算して金融支援総額を定めることにも〝理由〟がある。一方で、本件再生計画において新会社は上記評価額を上回る額の有利子負債を承継し、金融債務の免除額（親会社が主債務者となる会社の保証債務を考慮しないもの）は過剰債務額と同程度であることからすると、金融支援額が過剰であるともいえず、金融支援は〝相当〟といえる。

(2)　金融支援の〝衡平性〟

①　親会社を主債務者とする保証債務の対象債権化

本件再生計画において、親会社を主債務者とする保証債務も対象債権として取り扱うこととされているが、かかる取扱いは破産法一〇四条一項及び同条二項の規定に準ずる取扱いであり、〝債権者平等の原則〟に合致している。

すなわち同条は、債権者平等の原則が基礎となる破産手続においても保証債務等の担保機能をなお重視する趣旨の規定であるが、会社と同様に親会社についても中小企業再生支援協議会の関与のもとに私的再建手続が進行しており、会社と同時期に本件再生計画と同様の内容の再生計画が親会社の金融機関債権者まで提出されていることからすると、保証債務が顕在化し、かつ破産法一〇四条が適用される局面と類似する状況にあるといえる。

よって債権者平等の原則が同様に基礎となる準則的私的整理手続のもとに提出された本件再生計画におい

て、上記の取扱いにより〝債権者平等の原則〟が遵守されると評価できる。

② 修正プロラタについて

対象債権の範囲を①の取扱いによって確定する一方で、主債務について親会社または代表者所有の不動産により保全される部分についてはその金額を控除することとされており、いわゆる修正プロラタによる弁済計画となっている。

かかる取扱いについて、会社と親会社とは法人格を異にするが、資本関係や役員構成の共通性等が認められ、製造業者である会社と小売業者である親会社とは密接な取引関係にあることなどから、金融機関が与信判断を行う際には両社を一体的な事業体と判断することも想定される。そもそも再生型倒産処理手続においては、債権者平等の原則は形式的ではなく〝実質的〟なものとされることからすれば（民事再生法八五条二号、五号、会社更生法四七条二号、五号等参照）、事業体としての一体性に基づき、〝債権者間の実質的平等を確保する観点〟から親会社との関係において回収が確実な部分を基準とし修正プロラタを行うことも債権者平等原則に反するものではないといえる。

よって、金融支援の衡平性も認められる。

(3) 法的整理との比較における〝経済的合理性〟

会社の清算配当見込率は八・〇七％とされており（財務ＤＤ報告書七四頁）、本件再生計画の配当率一五・六三％はこれを上回るものであって、法的整理と比較して本件再生計画に〝経済的合理性〟があるといえる。

3 結論

以上のとおり、本件事業計画は、〝支援の必要性〟が認められるとともに、〝相当性〟かつ〝実行可能性〟

があると思料する。

▼本件再生事案の顛末

全国本部や関西の支援協議会や再建に著名な綾弁護士の「意見書」が効いたのか、件の某信用保証協会も最後には私の〝抜本再生案〟に賛成の意を示してくれた。本書を借りてお礼を述べたい。二〇一八年四月全金融機関の同意が揃い、めでたく関西広域再生ファンドによる不等価一括買上げは無事終了した。ちなみに「関西広域再生ファンド案件」としては、一六〇の会社から要請があったが、成立に至ったのはわずか一六件（一〇分の一）しかなかったそうだ。そして、本件のA社・B社の案件が最後となる一六件目であったことも〝不思議なご縁〟であることを報告して本項を終わりとする。

▼保証協会に期待するもの――ノブレス・オブリージュ[33]の精神の発揮

ぜひ、全国五一の〝保証協会〟におかれては、実弾飛び交う戦火の中、負傷して虫の息となった傷ついた兵士達を見捨てることなく、むしろ、声を掛け、その肩に背負い救護活動をする〝救護兵〟の役割を担って欲しいと願うのは、決して私一人だけではないはずだ。

否、日本の企業の九九・七％を占める約三八〇万社の中小零細企業の経営者の願いであるはずだ。二〇一七年に〝改正〟された保証協会のその〝役割〟から見ても、保証協会こそ中小零細企業の〝救世主〟にならなければならないのだろうと強く思う。保証協会には〝ノブレス・オブリージュ〟の精神を今後の再生支援活動に発揮してもらいたい。

1▽室町時代に父観阿弥と共に活躍し、能を大成した猿楽師。『高田明と読む世阿弥』高田明著（日経BP社）

2▽Ｈｏｎｄａの創業者。『本田宗一郎100の言葉』別冊宝島編集部編（宝島社）

3▽出光興産創業者。『評伝 出光佐三―士魂商才の軌跡』高倉秀二著（プレジデント社）

4▽岩手県花巻市出身の童話作家、詩人。『新編 銀河鉄道の夜』宮沢賢治著（新潮文庫）

5▽一九七七年の日本赤軍によるダッカでの日航機ハイジャック事件で福田赳夫首相（当時）が言った言葉（昭和二三年最高裁判決の中の一文）

6▽ドイツ出身の理論物理学者。『アインシュタインの言葉　エッセンシャル版』弓場隆訳（ディスカヴァー・トゥエンティワン）

7▽弁護士法一条には「弁護士は、基本的人権を擁護し、社会正義を実現することを使命」とし、「前項の使命に基き、誠実にその職務を行い、社会秩序の維持及び法律制度の改善に努力しなければならない」と規定されている。

8▽やなせたかし作詞の「アンパンマン」の主題歌。（ＪＡＳＲＡＣ出一八一一五八一―八〇一）

9▽古代ギリシャの哲学者。『ソクラテスの弁明』クリトンプラトン著／久保勉訳（岩波文庫）

10▽「私は他の賢人よりも優れているとは思っていない。しかし、他の賢人と対話していると知らないことは知らないと思っている点で私の方が知恵があると思う」という意味。
11▽『嫌われる勇気』岸見一郎＝古賀史健著（ダイヤモンド社）
12▽銀行法一条には、「銀行の業務の公共性にかんがみ、信用を維持し、預金者等の保護を確保するとともに金融の円滑を図るため、銀行の業務の健全かつ適切な運営を期し、もつて国民経済の健全な発展に資することを目的とする」と規定されている。
また、「信用金庫」は、地域の中小企業個人などが利用者（会員）となって互いに地域の繁栄を図る相互扶助を目的とした共同組織であり、信用金庫法一条で「（中略）金融業務の公共性にかんがみ（中略）預金者等の保護に資することを目的とする」と規定されている。
13▽江戸時代初期の剣術家。『宮本武蔵　剣と人――遺書『独行道』に秘められたその実像』渡辺誠著（新人物往来社）
14▽中国春秋時代の哲学者、儒学者の祖。
15▽江戸時代末期の志士。倒幕の立役者『坂本龍馬』松浦玲著（岩波新書）
16▽『説得者』convince「ジャパネットたかた」（家電販売小売り）社長・高田明氏は消費者に「伝える」ことでなく「伝わる」ことに心を砕いたという。商品の知識があるほどスペックを説明したくなるが、同氏は〝消費者側の視点〟に徹している。
17▽『心理戦に勝つ孫子の兵法入門』高畠穣著（日本文芸社）
18▽民事再生法一五五条一項本文、同法一七四条二項四号

19▽「支払不能」とは、債務者が支払能力を欠くため、その債務のうち弁済期にあるものにつき一般的且つ継続的に弁済することができない状態をいう。

〝支払不能の役割〟↓①破産手続開始原因（破産法一六条）となる、②偏頗行為機能否認（同法一六〇条）や相殺禁止（同法七一条・七二条）についての時的限界となる。

〝支払不能〟と債務超過の関係↓〝支払不能〟は債務超過を前提としない。即ち資金繰りが成り立たなくなることさえ確定すればよく、〝債務超過〟であることまで確定する必要はない。

20▽詐欺破産罪（破産法二六五条）

破産手続開始の前後を問わず、債権者を害する目的で、次の各号のいずれかに該当する行為をした者は、債務者について破産手続開始の決定が確定したときは、一〇年以下の懲役若しくは一〇〇〇万円以下の罰金に処し、又はこれを併科する。

(1) 債務者の財産を〝隠匿〟し、又は〝損壊〟する行為

(2) 債務者の財産の譲渡又は債務の負担を〝仮装〟する行為

(3) 債務者の財産の現状を〝改変〟して、その価格を減損する行為

(4) 債務者の財産を債権者に不利益に処分し、又は債権者に不利益な債務を債務者が負担する行為

21▽偏頗弁済（破産法一六二条一項）

22▽上場会社で現実に「虚偽有価証券報告書提出罪（金融商品取引法一九七条一項一号）」が適用された事件としてはカネボウ事件、キャッツ事件、ライブドア事件等がある。

23▽信義誠実義務。弁護士職務基本規程五条には「弁護士は真実を尊重し、信義に従い、誠実かつ公正に職務を行うものとする」と規定されている。

24▽不当な事件の受任の禁止。弁護士職務基本規程三一条には「弁護士は、依頼の目的又は事件処理の方法が〝明らかに不当〟な事件を受任してはならない」と規定されている。弁護士自らが違法行為をせず、依頼者が違法行為をして、弁護士が止めなかったという事例で〝懲戒〟になっている例がよくある。違法行為の助長の禁止。弁護士職務基本規程一四条には「弁護士は、詐欺的取引、暴力その他違法若しくは不正な行為を助長し、又はこれらの行為を利用してはならない」と規定されている。

25▽パナソニック創業者。『人を活かす経営』松下幸之助著（PHP研究所）

26▽本名＝山本長五郎、幕末明治の侠客・博徒。晩年は博徒を止め、富士山麓の開墾や清水港の整備に着手『清水次郎長と幕末維新』高橋敏著（岩波書店）

27▽中国春秋時代の思想家、儒学者。『孔子の一生と論語』緑川佑介著（明治書院）

28▽幕末期の長州藩士。『吉田松陰「留魂録」』城島明彦著（致知出版社）

29▽中小企業再生支援協議会は産業活力再生特別措置法四一条に基づき認定を受けた商工会議所等の認定支援機関を受託機関として二〇〇三年二月から全国四七都道府県に一カ所ずつ設置されている。

30▽官民ファンドの地域経済活性化支援機構（REVIC）は二〇一三年に設立された時限組織であり、支援機構による事業再生支援やファンドの出資決定は二〇一八年三月末が〝時限〟だった。

31▽信用保証制度の改正と信用保証協会の取組み

「中小企業の経営の改善発達を促進するための中小企業信用保険法等の一部を改正する法律」が、二〇一七年五月二三日に衆議院、六月七日に参議院で可決されて成立し、六月一四日に法律第五六号として公布された（施行は同日から起算して一年を超えない範囲内とされた）。改正法は、「信用補完制度を通じて、中小企業の経営改善・生産性向上（経営の改善発達）を促進するため、新たなセーフティネットとして危機関連保証の創設や小規模事業者等への支援拡充を行うとともに、信用保証協会と金融機関の連携による中小企業の経営の改善発達の支援の強化等の所要の措置を講じる」ことをその目的に掲げるものであるが、①「中小企業に対する経営支援」が信用保証協会の業務であることを明文化し、②信用保証協会と金融機関とのいっそうの連携強化を謳い、さらに③創業や中小企業の経営改善支援を目的とするファンドへの出資を認めるなど、信用保証協会が、これまで以上に地域企業の創業・成長・発展・再生にコミットしていく方針を打ち出した。もっとも、全国五一の信用保証協会は、これまでも身近なパートナーとして地域企業に寄り添い、そのライフステージに応じたさまざまな支援を行っている。

32▽千葉県信用保証協会「企業のライフステージに応じた経営支援」、長野県信用保証協会「長野県信用保証協会における企業支援の取組み」（事業再生と債権管理一五七号四七頁・五六頁）

33▽その意味は、高貴さは義務を強制する。つまり、権力、社会的地位の保持には責任と義務が伴うものであり、権力者、高学歴者は、社会の規範となるように振舞うべきだ（社会的責任）、という考え方。階級社会、貴族社会が残るイギリスでは上流階級にノブレス・オブリージュの考えが求められている。企業の社会的責任遂行（CSR）にも通じる考え方であり、欧米社会における基本的な道徳観である。

第3章

会社再建の意義

はじめに

「OECDレポート」[1]では〝ゾンビ企業〟の存続が生産性の低下を招き、日本人一人当たりのGDPは中位国以下の水準にまで下落したとの指摘がある。

現に私が再建弁護士としての立場から意見を求められた第一五三回国会参議院財政金融委員会でもある議員から「経営危機に瀕した会社は一〇〇％再建していかなければならないのか？　潰れる企業は潰したほうが経済的には良いのでは？」との質問を受けたことがある。

私は即座に次のように強く反論した。

「一〇〇％再建を目指すべきである。それは〝命〟に関わる問題だから‼」

これは再建弁護士でなければ言えない言葉だと思う。

なぜなら、日本の中小企業三八〇万社（全体の企業数の九九・七％）のうち八五％に当たる三二五万社が従業員五人未満の〝小規模事業者〟であり、中小企業庁の推計では「中小企業金融円滑化法」に基づき行った金融機関の貸付条件変更先が仮に三〇万社とすると、そのうちの八割強の二六万社が〝小規模事業者〟とされる。

この統計からもわかる通り、これら〝小規模事業者〟は地方創生を担う中心層であり、疲弊する地域の雇用確保にも貢献している。

確かに利益の上がらない会社が潰れるのは〝経済面〟からみれば〝社会の向上〟につながるかもしれない。

しかし、会社が潰れるということは、多くの人の生活の安定を脅かし、その人の人生を狂わし、人間の尊厳を、ときには人の〝命〟を奪うことになるかもしれない。

そこで、本章では、〝企業の再生の意義〟を問うてみたい。

▼会社再建弁護士の〝使命〟とは

なぜ中小零細企業の救済が必要なのか?

思えば弁護士となって三五年、数千億円規模の大会社や上場会社から企業とは言えないような小さな個人商店まで、振り返れば数多くの企業を再建してきた。

そして私は、娘の〝死〟をきっかけに、私の心が壊れかけた時、子供を救えなかったことが私の一生の〝十字架〟となった。私は、その十字架を背負った弁護士として生きていくことを選んだ。私の再建の軸足は次第に中小零細企業に移っていった。

というのも、大企業は私でなくても誰かが救ってくれよう。しかし、「小さな零細企業」は、誰もが見放し私に頼ってこざるを得ないからだ。それも、日本全域、換言すれば四七都道府県の中小零細企業から〝藁にも縋る〟思いで救済の手を求められてきた。

地方の中小零細企業の再建は大企業以上に手が掛かる。再建に必要な事業力自体が弱いからだ。かと言って、放っておいていいのか? いや、見捨ててはおけぬ。自力で再建する費用もなく、誰も助けてくれないからだ。私が中小零細企業に〝特化〟した再建弁護士になったのも〝弱者救済〟の、その〝プロフェッショナルの使命〟にひかれたからだ。

▼ゾンビ企業は退場すべきなのか？

金融機関への返済ができるほどの売上ではないが、なんとか従業員らの給料は支払える内容のギリギリの資金繰り状態である。このような〝支払停止状態〟に近い会社に対し、識者たちは〝退場〟の「レッドカード」を突きつけるであろう。

このような事業力も弱く、潰れかけている小さな中小零細企業等を指して、〝ゾンビ企業〟と揶揄する人がいる。このような〝ゾンビ企業〟は、日本社会全体の経済の新陳代謝と成長を実現するためには、存在そのものが邪魔で、潰れたほうがいいという識者も多くいる。回復の見込みが立たないのに、一～二年生き延びさせることは社会の弊害だという金融機関もいる。大局的に見た場合、言っていること自体誤りではないかもしれない。

しかし、数え切れないほどの中小零細企業を救済してきた私から言えば、〝他人事の上から目線〟でものを言っているとの感想である。どんな会社でも一年でも二年でも生き延びる意味はある。

▼会社は生きているだけでも意味がある

なぜなら、そこには〝人〟がいるからだ。どんなに業績が悪い中小零細企業にも、そこで働いている従業員がいる。〝家族〟がいる。そして、その従業員らは残念ながらそこでしか働けないような人たちだ。大学を出て、都会の大企業で働く高学歴の人々は、万一会社を失っても、また他の会社で仕事に就くことができるかもしれない。しかし、田舎の中小零細企業で働く人々は地域全体が疲弊しているため〝そこ〟が潰れたら他所では雇ってもらえないことが多いものだ。いまさら都会に出るわけにもいかない。彼らにも家族がいるからだ。休息日の家族団らんは、彼らのささやかな〝幸せ〟のひとコマであり、この〝ささやかな幸せ〟を壊す権利は誰にもない。経済環境が厳しい中、びっくりするほどの低賃金でコツコツとまじめに働き、家族を養っている。

私は、金融機関に掛け合い、当分の間支払いを停止して欲しいとお願いをする。金融機関は、当然だが困惑し、時には憤る。〝返済の見通しが立たないなら潰れて欲しい〟という金融機関もある。

お願いをして数年が経つ。

売上では相変わらず四苦八苦だが、様々なチャレンジをして、それなりに顧客の信用も得ている。そんなこんなで数年が経過したが、今でも会社は生きている。

▼ゾンビ企業の社長からの手紙

そんな〝ゾンビ企業〟の社長からお礼の手紙をたくさん頂く。

「今年、息子が東京の大学に進学する。なんとか会社が持ちこたえられ、苦しいながらも、今も生きていられるのは先生のおかげです」

また、ある社長は、「子供達が幼かった時は幼い子供達だけを残して死ねないから家族みんなで天国に行こうと考えた時期もあったけど、娘は今年高校を出て社会人となりました。

死なくて本当に良かった。先生のおかげです」

そんな手紙を沢山頂いた。どんな小さなゾンビ企業も社員がおり、家族がおり、そして何よりも人が生きている。命がある。会社は〝代替え〟がきいても、生活や命は〝代替え〟などきかぬ。そこで働く従業員らの家族や子供達の〝ささやかな幸せ〟を守ってあげられるのは我々弁護士しかいない。

人は誰でも幸せになる権利を有しているのだから（日本国憲法一一条、一三条）。だから〝ゾンビ企業〟の目線に立った時、健康体に回復しなくとも、病気を抱えたままでも、何とか三年でも五年でも生き長らえさせてあげたいと考える自分がいる。〝暫定的なリスケ〟では会社の再建を果たしたとは言えないだろう。

▼会社の再建とは？

でも、そもそも会社の再建って何だろうか？　突き詰めれば、会社を取り巻く多くの利害関係人に〝幸せ〟を与えることではないだろうか。利害関係人らの利益としての債権回収の極大化、即ち借金の返済はもちろん大切であるが、〝会社の存続〟、言い換えれば〝会社が生きている〟そのことこそが全ての利害関係人にとって何よりも重要な意味ではないだろうか。会社が一日でも一年でも生き延びるということは、そこで雇用が継続され、従業員とそのご家族の暮らしが守られるということである。取引が継続すれば取引先の売上高の維持にもつながり、多くの利害関係人らに〝幸せ〟が生まれる。

それは結局地域の発展につながり、その地域を基盤とする金融機関の発展にもつながる。地域金融機関こそ会社の永続繁栄の利益を享受していることを今一度再認識して欲しい。

▼金融機関、保証協会、サービサーら利害関係人らに望むこと

そこで、金融機関や識者の方々にお願いしたいことがある。

〝金融機関〟に対しては、確かに返済停止という不利益を与える。しかし、金融機関の規模、体力、金額からみても、その不利益を他で回復する術を金融機関は持っていよう。かたや資力も体力もない中小零細企業にとっては金融機関の金融支援（債権カット）にすがるしか生きる術はない。

だから、金融機関には人とその〝社会的役割・使命〟を認識して〝自己犠牲〟の精神で、企業の救済を通して地域で暮らす従業員やそのご家族、取引先らの〝幸せ提供者〟となってもらいたい。

具体的には、〝債権の大幅なカット〟か、ごく僅かな返済金の〝超長期分割返済〟で甘んじてもらえないだろうか。それが地域の活性化にもつながるだろう。〝お金〟はあくまで人を幸せにする〝手段〟にすぎないのだから。

極端な言い方かもしれないが、もはや白旗を上げている〝ゾンビ企業〟にあまり関心を持たないでくれないか。〝債権回収〟に血眼にならないでくれないか。

債権を譲り受けた〝サービサー〟もサービサー法[2]一条の「目的」である「国民経済の健

全な発展に資する」その「使命、役割」を再認識し、債務者企業からの回収額がその取得価額を超えた場合には、〝強欲な回収〟でなく〝程々の回収〟という〝情〟を示して国民経済を担う債務者会社の再建、発展に理解、協力してくれないか。春の〝タラの芽〟の山菜採りは二つの芽のうち一つを採るがもう一つは残していくという。二つとも摘み採るとその〝タラ〟は死んでしまうから。

そして〝弁護士や識者〟は、潰れかけている中小零細企業に〝救いの手〟を差し伸べて彼らに寄り添い、誤った道に迷いこまないよう再建のための正しき指導と共に、不安に脅える経営者らの心に入り、生きる希望を与え、その〝心の救済〟をして欲しい。〝幸せ〟を与えられなくても〝幸せを感じる心〟を与えられる〝心のドクター〟になって欲しいと願うものである。

その〝救いの手〟のロープの下には何十人、何百人という利害関係人が〝救い〟を求めてぶら下がっている現実があるからだ。

1▽経済協力開発機構は主に欧米中心の先進国によって構成され世界経済の発展や社会福祉の向上に向けた政策を推進するための国際機関。ＯＥＣＤは半年に一度世界の経済成長見通しを発表している。

2▽債権管理回収業に関する特別措置法（サービサー法）。同法の一条には「この法律は（中略）許可制度を実施することにより弁護士法の特例として（中略）もって国民経済の健全な発展に資することを目的とする」と規定されている。

第4章

弁護士並びに金融機関の担当者に伝えたいこと

はじめに

〝盲目であることは、悲しいことです。けれど、目が見えるのに見ようとしないのは、もっと悲しいことです〟
ヘレンケラー[1]

〝寒さにふるえた者ほど、太陽の暖かさを感じる。人生の悩みをくぐった者ほど、生命の尊さを知る〟
ホイットマン[2]

会社の再建を依頼された弁護士は、会社の存続と利害関係人らのほうに目が行きがちで、とかく目の前の資金繰り対策、返済を迫る債権者対策、過度な〝経済至上主義〟に追われるあまり、〝経営者の心の奥の悲鳴〟を聞き逃しがちである。経営者の〝心〟を置き去りにしていないか？

プロフェッショナルである会社再建弁護士こそ、経営危機に陥った〝経営者の心の奥の悲鳴〟に耳を傾けなければならない。これは中小零細企業の会社再建に携わる〝金融機関〟や〝ターンアラウンド〟の方々にも言えることである。

本項はそんな中小零細企業の〝経営者の心境〟について「実例」をもって紹介する。

第１　中小零細企業の経営者の心境

▼中小零細企業の救済にあたって何が一番大切なことか？

あなたは、以下の事案で何を考えるだろうか。

ある経営危機に陥った会社の再建を依頼されたある大物弁護士の先生の話を再認識してみたい。

1　ある大物弁護士の後悔

▼債権者集会

その弁護士の先生が社長さんに代わって取引先を集めた「債権者集会」で話をした。「みなさんの債権のうち、四割を払って六割はカットしてほしい。その四割を七～八年でお返ししたい」という案を出した。ずっとその弁護士の先生は社長の代弁をしていた。

すると、会場が殺気立った。会場から「これは計画倒産か」「最近まで納品させておいて何やってんだ」という声が飛び交った。

すると、いきなり隣に座っていた社長さんがすっくと立ち上がって「みなさんの債権は全額払います」といきなり言ったそうだ。

一瞬、その荒れた債権者集会はシーンと静まりかえり、その後、拍手が起こった。パチパチパチ。

ところが当然、そんな金額を会社は払える訳がない。そんな資金繰りでもない。その弁護士が社長さんに「そんなこと言っちゃだめですよ」と窘めた。

すると今度は、債権者が弁護士に対して「お前、何やってるんだ」、それこそ「すっこんでろ、退場しろ」とか罵声を浴びせた。

社長さんがまたすっくと立ちあがって、「いや、みなさんの債権は必ず払います」と再び言った。するとその弁護士の先生はもういたたまれなくなって、その場から逃げるようにスゴスゴと退場した。

その悔しい思いからか、社長さんに「あなたには二階にあげられて、梯子を取られた。これまで散々会社のために債権者のために工夫したことが全部今回水泡に消えた。私は金輪際、貴方の会社の再建には立ち会わない。顧問もやめる。私の事務所に一切来てはならない」そういうふうに抗議してその場を去られたという。

件の債権者たちからは、「弁護士は帰れ!!」と、後ろ姿に罵声を浴びせられ、先生としてはこんな屈辱的な思いはなかったと、後日振り返ったという。

▼社長の死

話が一変したのは、その翌日である。その弁護士の先生が眠っていた深夜、電話でたたき起こされた。出てみると社長の弟さんからであった。

「兄が死んだ」「高速道路で事故を起こして即死だった」と……。

後からわかったことであるが、その社長さんは多額の生命保険を掛けていた。その生命保険で債務の全額を賄うことはできないものの、一部の弁済をした。その弁護士の先生は、そこで悔やんだという。なんで社長の生命保険のことを聞かなかったのか。社長は、あの時に死を覚悟して払いますと言ったのだろうか。その社長に、僕はなんて捨て台詞を吐いたんだ、申し訳ないと。

会社の再建は、その先生が続けて請け負った。債権者さん達に「どうか手形・小切手を取立てに出さないでほしい、倒産しちゃうから」と言った。

数日後の債権者集会では一切手形は振り込まれず、誰も発言する者はいなかった。保険金がおりて、一部弁済をして残債務を放棄する形、私的な形での「再建」が終わった。それが自分としては弁護士になってすぐの時で、それからもう四〇数年自分はそれを今も弁護士業の〝十字架〟として背負って生きていると語っている。

2　ラクダの一藁《ひとわら》

私がいつも講演をする時に〝経営者の心境〟をよく表している西洋の諺で「ラクダの一藁」という言葉があるので、紹介したい。

ラクダは飄々と灼熱の砂漠を歩く、皆さんが思い描くあの動物のラクダのこと。飄々として重たいものを担いであの灼熱地獄の中を歩いていく。どんなに重たい物を持っても苦渋の顔をしない。ところが、これは諺であるが、その重たい荷物の上に最後にたったひと藁、細い紐のようなその藁を一本乗せた。するとそのラクダの足が木端微塵に砕け散って地面にぱたっと倒れた、という。

人は、たったこんな軽いものだと客観的に見てこんなぐらい大丈夫だろうと言うが、しかしその人本人にとっては、めちゃくちゃ重たいものもある。私がよく銀行の方々に言うのは、この「ラクダの一藁」の話だ。支店長さんたちに私はこう言う。

「中小企業の経営者の気持ち、察したことあるかい？　あんたたちのお父さんがもし銀行に頭を下げた時に息子としてあんたはお父さんにそのような横柄な口を利くの？　何とかあなたたちに頭を下げてそれこそ背広を質に入れてでも返そうとしている経営者に向かって全部すぐに返せ、返せないのなら自宅も工場も競売するぞと言うの？　そんな言葉を投げかけられたらその言葉の重さで銀行から帰る途中走る電車に飛び込んだ、あるいは会社の倉庫で首を吊った社長がいることを知っているのか？」と。

▼ある金融マンからかけられた一言

関西方面の再生支援協議会関与の私的整理（抜本再生案件）のバンクミーティングの終わりに、ある金融マンからかけられた言葉がとても印象深いので書き留めておく。

「先生は、講演や帝国ニュースなどに〝経営者の心の中〟を表す言葉に『ラクダの一藁』という諺を多用していますが、感銘を受け、私もこの言葉を常に頭に浮かべて相談に来られた中小企業の経営者と接しています。ありがとうございました!!」有難いことだ。私の一言が、金融マンの心のひだに響いてくれたのだ。まさに言葉は「言霊」なのだ。このような金融マンが一人でも多く現れてくれれば〝悲惨な倒産〟はきっとなくなるだろう。

絶望の淵にあり、死をも考えた社長さんから、私のいくつかの著書を抱いて眠る日々の中、私の著書が支えとなって勇気をもらい、従業員やその家族・子供たちの為にも〝あきらめない〟〝投げ出さない〟ことで再生のスタートができたとの〝お礼の手紙〟をいただいたので、中小零細企業の経営者の〝心境〟を知ってもらうためにも、その一部を抜粋して紹介してみたい。

突然のお手紙大変失礼かと思いましたが、新しい年を迎える前に是非先生に御礼を申し上げたくペンをとった次第でございます。

（中略）

……債権者から毎日、非難・督促が続く日々でございました。この時期初めて、ニュースで見聞きする数十万円の借金で自死する人の気持ちがわかりました。それまでは、そんな少額な借金で……、絶対にあり得ないと思っておりました。しかし、それは間違いだったということに、気づかされた時期でございました。

（中略）

今思うと毎日押しつぶされそうになりながらもここまで頑張ってこられたのは、あきらめない投げ出さない気持ちだったと思います。この気持ちを持ち続けることができたのは先生の著書のおかげだと思っております。

第三者から引導を渡されない限り、苦しくても投げ出さずに続けることによって、従業員の生活に大きな影響を与えずに済むだろう。この苦しさは何年続くか分からないけれど、その間に従業員の子ども達も成長し、独り立ちできるかもしれない。父親の会社の倒産ということを理解できる年齢に達することが出来るかもしれない。自分が投げ出さないことが、従業員のために必要であり、自分の家族のために必要なんだということを先生の著書によって教えられました。

（中略）

このまま朝が来なければと思う日……、先生の著書で悲観的な状況から実際に立ち直った会社の例などを何度も読み返し、自分に重ねながら著書を抱いて寝る日もありました。本当に先生の著書は私の支えとなりました。

真っ暗闇の中で……、逃げ出す勇気もない……、無力な自分を嘆く間もなく時間だけは過ぎ日々の対応と長期的な再建への道のりの中で、先生の著書が幽かな光となり、生きる勇気をもらいました。

本当にありがとうございました。心より感謝申し上げます。

私のように先生の著書から勇気をいただいている人はたくさんいると思います。

私の会社は再生計画がスタートしたばかりで、まだまだこれからが本番、気が抜けない日々ではございますが、とにかくお礼を申し上げたくペンをとった次第でございます。

△△△△建設株式会社
代表取締役　○○○○

第2 経営責任

確かに債権者に多大な犠牲を強いる「債権カット」を要請する以上、〝経営責任〟を問うことは、〝モラルハザード〟の観点からも当然と言えよう。だからといって、会社再建に際して金融機関に〝債権カットの要請〟をすると見返りに「スポンサーによるM&A」を要請され、経営者は〝経営責任〟として経営から退くことを強く求められるが、この経営責任＝〝経営者の交代〟との風潮には私は異議を唱えたい。

人口に膾炙する故事成語に〝温故知新〟という言葉がある（故きを温ねて新しきを知る）。

本項は社会に名を残し影響を与えた〝偉人達〟の〝言霊〟に触れ、温故知新に由来する〝経営者続投の有益性〟について〝ナビゲート〟してみたい。

▼徳川家康[3]の行動から

私は「経営責任」を考える上での欠かせない姿勢の一つに私が生まれ育ち私の人間形成に大いに影響した静岡県にゆかりの深い〝徳川家康〟の言葉をいつも思い浮かべる。

〝人の一生は重荷を負いて遠き道を行くがごとし急ぐべからず〟で知られる徳川家康（駿府城に生涯三度住む）の〝遺訓〟の中に、

〝勝つことばかり知りて負くることを知らざれば害その身にいたる〟とある（勝利に拘りすぎ何をしても許されるといった傲慢な考えでは反対に自分を追い込みあるいは油断し敗北を招くのでかえって危険である）

さらに〝遺訓〟には、

〝己をせめて人をせむるな〟とある（自分の行動について〝反省〟し人を責めてはいけない）

中小企業の経営者と金融機関の関係は法的には債務者VS債権者との構図であるが人・物・金と「与信」で成り立つ経済社会においては借りてこそ商いが成り立ち、貸してこそ商いが成り立つという〝運命共同体〟の図式がある。結果としての経営悪化については、両者共に責任を見出し、反省し、次へと進むステップとすべきであろう。

大岡越前の大岡裁きの一つの〝喧嘩両成敗〟である。

私は経営者に〝改める機会〟〝敗者復活〟のチャンスを与えてあげたい。

▼論語から

孔子曰く〝過ちては改むるに憚ること勿れ〟（過ちを過ちとは言わない。過ちを改めないことを過ちという）

経営者が経営危機を真摯に受け止め、反省し窮境原因を改善しようとするならそれは応援してあげたい。それは、再建弁護士に要求される〝宥恕《ゆうじょ》の恕《じょ》〟の精神である。

孔子の弟子の子貢が孔子に尋ねる。

「一言にして以つて終身これを行ふ可き者有りや」（一言でいうと一生かかって何を得、何を守るべきか）

すると孔子は、「それ恕か」（＝それは思いやりである）と答えた。

さらに、続けて〝己の欲せざる所は、人にほどこすことなかれ〟（自分にしてほしくないことは、自分も人にしてはならない）

金融機関の担当者の方々も暗闇で助けを求めている経営者に対し、孔子のような広い心で接してくれたら、経営者たちはその恩に報いるため会社を立て直すのに命を懸けることであろう。

〝人は神ではない。誤りをするというところに人間味がある〟

山本五十六[4]

二九歳の若さで逝った吉田松陰の言葉に耳を傾けたい。

〝自分の価値観で人を責めない。一つの失敗で全て否定しない。長所を見て短所を見ない。心を見て結果を見ない。そうすれば人は必ず集まってくる〟

吉田松陰

経営の神様と呼ばれるピーター・ドラッカーも言っている。

〝成果とは、常に成功することではない。そこには、間違いや失敗を許す余地がなければならない〟

ピーター・ドラッカー[5]

第3 経営者交代は再建にとり得策でない

本項では経営責任の取り方としての〝経営者交代〟が一方において中小企業のおかれた特殊な実体経済環境からも、他方において法的な意味からも〝再建実務〟にとって〝得策でない〟理由を説明しよう。

▼理由 その1
現実の中小零細企業の経営構造から

中小零細企業の経営は、大企業とは異なり、同族企業が多いため、経営者の長年の信用という人脈・パイプにより商いが成り立っているといっても過言ではない。経営者自身が重要な〝人的資源〟なのである（もちろんそれ故に悪しき弊害を否定するものではないが）。

抜本的再生計画に基づく今後の売上の〝履行の確実性〟については、経営者自身の反省と踏ん張りにかかっている。換言すれば再生計画の成否は〝経営者の人脈・資質〟に大きくかかっている。さいわい「私的整理」においては、取引先を手続に取り込まないことから、経営者に属する〝人的信用〟の毀損も生じない〝仕組み〟となっている。

そして、この〝仕組み〟を活用することこそがその再生計画の成功につながり、ひいては金融債権者の最大の目的たる〝債権回収の極大化〟に資することになることもあり、ここは今一度経営者の〝真摯な反省〟と〝変化〟を信用して生まれ変わった経営者の〝続投〟に理解を示してもらえないだろうか。

▼理由　その2
中小零細企業の再生手続を想定して制度化された民事再生法、中小企業再生支援協議会の扱いから

〝経営者の交代〟については、公的機関である「中小企業再生支援協議会」の扱いでは、「経営者の退任を〝必須〟とするものではない」[6]との扱いとなっており、交代を前提にはしていない（また、中小零細企業を想定して立法化された民事再生手続も経営者の続投を当然の前提としている＝ＤＩＰ型）。この点、大企業を想定している事業再生ＡＤＲや会社更生法が経営者の交代を前提としているのとは大きな相違がある。その理由は、前述したように中小零細企業においては大企業と異なり経営者自身が会社の重要な〝人的資源〟であり、その活用が再生計画遂行に大きな影響を及ぼすからである。

▼理由　その3
東京都中小企業再生支援協議会の再生支援企業の一〇年後の追跡調査結果から

現に東京都中小企業再生支援協議会の再生支援企業の一〇年後の追跡調査結果が平成二九

○資料

平成 29 年 9 月 25 日
東京商工会議所
東京都中小企業再生支援協議会

再生支援をした中小企業の７割が順調な経営に回復

～再生支援企業の 10 年後の追跡調査結果～

東京商工会議所に開設されている「東京都中小企業再生支援協議会」（会長＝石井卓爾・東京商工会議所特別顧問）では、平成 15 年から 18 年に再生計画の策定支援を完了した 69 社に対し、完了 10 年後の追跡調査を実施いたしました。

本調査は、平成 15 年～18 年にかけて、窮境状態にあり再生計画策定支援に取り組んだ 69 社を対象に、企業及びメインバンクへのヒアリングにて実施したものです。当協議会の支援を受けた企業の**約 7 割にあたる 49 社が順調な経営状況（債務超過解消もしくは継続的な経常黒字）に回復し、うち 39 社（56.5%）が債務超過を解消して窮境を脱している**ことが明らかになりました。一方で、不安定な経営状況が続く企業は 13 社（18.8%）、倒産等で破綻した企業は 7 社（10.1%）でした。69 社のうち約 9 割の企業が、現在も事業を続けており、従業員の雇用を継続し地域経済に貢献をしています。【下表参照】

また、抜本再生となる債権放棄等の支援を受けた企業 29 社は、10 年後の生存確率が 100%で、自力再生型（23 社）とスポンサー型（6 社）ともに、1 社も倒産していないことが確認されました。【下図参照】

なお、当協議会では、平成 15 年の設立以降、多くの中小企業の相談を受けており、**平成 29 年 3 月末時点で 3,400 件の窓口相談（1 次対応）を受け、そのうち 620 社について再生計画策定支援（2 次対応）まで完了**しています。

中小企業再生支援協議会事業（別紙参照）は、設置から早や 15 年を経過し、平成 30 年 3 月に時限立法の期限を迎えます。同事業の延長に向け、改めて、中小企業の会員が多い「商工会議所」が本事業を実施する意義を確認すべく、本調査を実施いたしました。

≪調査結果≫

調査期間：平成 29 年 5 月 8 日～8 月 30 日、調査対象：69 社

【表】当協議会　再生計画策定支援完了案件　追跡調査結果（平成 15～18 年、全 69 社）

金融支援 ／ 現状経営状況	債権放棄等（注 1）	リスケ等（注 2）	その他	計
順調（①）	25	22	2	49
（内、債務超過解消）	(23)	(14)	(2)	(39)
不安定（②）	4	9	0	13
破綻（③）	0	6	1	7
計（①～③）	29	37	3	69

（注 1）債権放棄のほか、DES（債務の株式化）2 件を含む。
（注 2）リスケ（返済条件の変更）のほか、DDS（債務の劣後化）9 件を含む。
平成 29 年 5～8 月時点経営状況

【図】当協議会　債権放棄等案件　事業承継類型別経営状況（同、全 29 社）

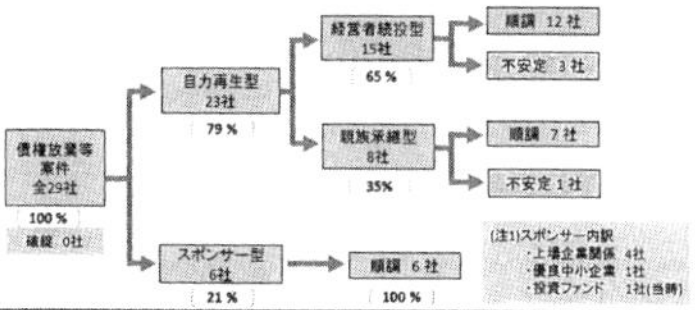

近時スポンサーによるM&Aに注目が集まっているが、今回の調査結果では、債権放棄等による抜本的な再生に関しては、M&Aではなくオーナー一族による自力型の再生が約 8 割を占めていることが明らかになった。さらに、そのうち約 8 割において、現在は既に債務超過を解消する等、順調な経営を確保しており、オーナー一族による経営を維持しながら再生を果たしていることが分かる。

＜問い合わせ＞東京都中小企業再生支援協議会　事務局　酒井　TEL03-3283-7425

年に発表されたがその調査結果には「近時スポンサーによるM＆Aに注目が集まっているが、今回の調査結果では、債権放棄等による抜本的な再生に関しては、M＆Aではなくオーナー一族による自力型の再生が約八割を占めていることが明らかになった。さらに、そのうち約八割において、現在は既に債務超過を解消する等、順調な経営を確保しており、オーナー一族による経営を維持しながら再生を果たしていることが分かる」とのレポートが記載されている（前頁資料参照）。

▼理由　その4
会社法上の取締役の責任の扱いから

債権者に損害を与えた取締役に対する損害賠償等金銭的責任については、「会社法四二九条」で規定されているが、機動性、迅速性を要する〝経営判断〟については、その性質上、萎縮性を排除するため、その経営判断が〝悪意・重過失〟等著しく社会的相当性を逸脱している場合でなければ責任は追及されないといういわゆる〝経営判断の原則〟がある。

経営危機に至らせた原因が著しく社会的相当性を逸脱したものでなければ、不法行為等の金銭的責任追及はもちろんのこと、さらに重い〝経営者の排除〟まで追及するのは立法趣旨から見ても酷というものではないだろうか。

▼真の経営責任の果たし方

以上たった一度の過ちのため崖っぷちに立たされて「ごめんなさい、許してください」と謝って猛省している経営者（創業者）を崖から突き落とすことをして金融機関は心苦しくないのか。金融機関各自の〝経営理念〟〝企業理念〟[7]をもう一度思い起こしてほしい。きっと〝お客様の繁栄と共に歩む〟〝共存共栄〟を骨子とする内容が書かれているはずだ。この〝企業理念〟からも創業者が生みの苦しみで幾多の苦難を乗り越え、事業を継続させてきた、その努力に〝敬意〟を払ってもよいのではないだろうか。

むしろ、金融機関としては、経営者の反省、立ち直りを信じて〝赦し〟てあげ、そして危機に陥った経営者は窮境原因を追及し、再び過ちを繰り返さぬよう経営者として〝命〟をかける気で再生計画を実践し、許してくれた金融機関のその〝恩〟に報いることこそが〝真の経営責任の果たし方〟といえるのではないか!!

〝危機に直面すると、ものごとがよく見えてくる〟
スティーブ・ジョブズ

〝かけた情けは水に流せ、受けた恩は石に刻め〟
懸情流水受恩刻石（仏教の教え）

第4 日の当たらない中小零細企業にも生きる希望を

緊急時における〝債権カット〟による金融支援は再生会社のみならず、金融機関自身のためにも必要・有益なのである。

はじめに

二〇一六年一〇月二六日（水曜日）の日本経済新聞の朝刊に「返済猶予効果乏しく」と題する見出しで、地方銀行など一〇六行が〝返済猶予〟などの融資条件の変更に応じた中小企業の六割強が四年以上経っても経営改善していないことが、金融庁の調査で分かったと記載されていた。

記事は続けて、「条件変更の中身」も、大半は〝元金の返済猶予〟だけで、〝金利の減免〟まで踏み込んだ対応はほぼない。「金融庁」としては、不振企業の〝抜本的な事業再生〟が地域経済の活性化に不可欠と見ている。銀行が、適切にリスクを取ることで事業再生を進めたい考えだと記載している。そこで今回は、単なる返済の猶予だけでは経営改善に結びつかない理由を解明し、銀行が債権カット等で〝リスクを取った〟（自己犠牲）ことで劇的に業績が改善した会社の話をしよう。

▼単なる返済猶予だけでは経営改善に結びつかない理由

会社倒産の原因の一つに〝債務超過〟と〝過剰債務〟[8]と言った言葉を耳にした読者は多いと思う。この二つの言葉は似て非なるものである。

〝債務超過〟はB/S上、資産よりも負債の方が多い状態であり、好ましいことではないが、それをもって直ちには会社が行き詰まるというものではない。これに対して〝過剰債務〟は、売上や利益から導かれるキャッシュフローに比し、〝金融負債〟が多い状態であり、金融負債であるから、当然に日々の資金が流出していくため、日々の資金繰りに窮するばかりでなく、永続的・持続的に会社を安定成長させる設備投資等に資金が回らず、急速に会社が行き詰まる原因となる。P/L面とB/S面更には日々会社を活動させる「キャッシュフロー面」が密接に関連している。

今回は、この〝過剰債務〟問題にメスを入れてみたい。

▼何故に企業再建には〝債権カット〟が必要不可欠なのか?

換言すれば、何故に単なる返済猶予だけでは〝経営改善〟に結びつかないのか?

何故に企業再生に「債権カット」が必要不可欠かと言うと、倒産の危機を招来している主要な原因の一つに〝過剰債務〟問題があるからだ。

▼過剰債務という〝がん〟

この点、そもそもP／L上の営業利益段階で赤字の会社では、〝過剰債務〟問題以前の段階で経費を賄えず資金不足による倒産危機を招いているのだから、〝過剰債務〟問題は関係ないと言う方がいるが、それは〝倒産の本質〟を見ていない机上の理論である。何故なら、現実の〝営業赤字の会社〟の大半は〝過剰債務〟問題を背負っており、過剰債務と営業赤字は密接な関係にある。換言すれば、過剰債務ゆえに営業赤字に陥ってしまったと言っても過言ではない。

なるほど営業赤字ではあるが、〝過剰債務〟でないと言える会社も実在する。そしてそのような会社は、資金繰りの対応次第で倒産は免れることができる。しかし、営業赤字で且つ過剰債務の会社は、〝資金繰り〟が成り立たず早晩倒産は免れない。過去三〇年以上にわたって数百件に及ぶ倒産会社の倒産していく様子を見ているとそれがよくわかる。

営業赤字の会社が何故に営業赤字に陥っているのかと言えば、〝過剰債務〟が遠からず原因になっているのである。即ち、過剰な金融債務が足かせとなって資金不足に陥るだけではなく、新たな資金調達ができず、その結果、設備投資ができない、新たな商品開発ができない、新規出店ができない、社員のモチベーションを上げるための賃金改定や教育投資ができない、優秀な人材を集めるための人材募集ができない、売上高を上げるための営業活動のための接待交際費や広告宣伝が十分にできない、過剰債務の返済を優先履行するためにかえってサラ金等の高利に手を出したり、税金等の不払いに陥る……等々、〝過剰債務〟が原因で

〝売上不振〟〝資金不足〟に陥っている企業がなんと多いことか。

これでは、私が常々話している〝重い鉄の鎧を身に着けて海を泳ぐが如く、いずれは海の底に沈んでしまう〟ことは明白である。

▼過剰債務を解消することの経済的効果

これに対し、〝過剰な金融債務〟に流れるお金の流れを止めること、もっと言えば抜本的対策として、金融債務のうちの過剰な部分を切り捨てることで、本来の会社の力が蘇り、新入社員の募集、モチベーションの向上、店舗改装等の設備投資による競争力の強化、新商品の開発や広告宣伝の活用効果等で〝売上高が向上する〟という好循環に好転する会社を私はいくつも見てきている。もちろん、全ての会社が全てそうだとは言い切れないが、過剰債務の重責が取れ、身軽となったことで営業利益を生み出す原動力となってP/L面の改善につながるのである。少なくとも過剰債務問題にメスを入れ、金融機関が理解を示し、自ら債権カット等で過剰債務の解決を図ったことで大半の会社の営業赤字が改善し、黒字に転化している事実が少なからずあったという〝臨床結果〟がここでは重要なのである。

机上の識者は、B/S面の改善の前に、まずP/L面を改善すべしと言う。だからこそ、P/L面の改善のためにもこの過剰債務問題にメスを入れる必要があるのである。この病巣の〝がん〟を切除しなければ健康な体となる営業利益の改善も図れないのである。

▼民事再生法の一〇年弁済の立法趣旨

このキャッシュフローの一〇倍を超える金額である過剰債務問題を立法的に解決したのが和議手続から移行した「民事再生法」である。即ち、民事再生法一五五条三項は、再生債務の弁済期間は原則一〇年を超えない範囲と定めている[9]。

あまりに長い期間返済の重石を課すことは、かえって再建に支障を生じ、長期返済の呪縛から解放してあげることが再建に繋がるという考えからである。換言すれば、フリーキャッシュフローから手許資金を残し、その余りを返済に回したとして一〇年分を完済すればその残りは〝債権カット〟、即ち、一〇年後には原則〝無借金経営〟となる（但し、担保たる別除権部分は残るが）ように取り計らっている。債務者会社が一〇年を超える債務の重石から解放させてあげることが企業の復興再生に必要不可欠であることを国は謳っている（もっとも、過剰債務部分の債権カットには〝債務免除益課税〟という副作用もあるが、この〝課税対策〟は担当弁護士が過去の欠損金を見ながら事案等に各々工夫しているようである）。この点は、過剰債務に陥った会社の救済という命題を掲げた会社再建手続においては、何も前述の〝法的手続〟だけでなく、〝私的な形での再建手続〟においても同様となるべきである。

▼過剰債務問題にメスを入れることは金融機関にこそ重要

以上は、経営危機に陥っている債務者側から見た立場での過剰債務問題であったが、他方、債権者である金融機関の立場から見ても〝債権カット〟による過剰債務解決効果は重要である。どういうことかと言うと、これまでの債権者の対応は、〝債権カット〟などとんでもないという対応が大半であった。一昔前の公的金融機関や保証協会などは税金が財源なのだから債権カットなどとんでもないという姿勢であった。しかし、現実はどうであったか。〝債権カット〟しないとして、頑なに債権を維持したままの債務者会社の大手は、過剰債務ゆえの営業赤字ゆえに遂には倒産してしまっているではないか。その結果、結局、債権者たる金融機関は債権回収が著しく困難となってしまっている。私が後日、倒産してしまい返済は不可能と言うと、倒産したのなら仕方がないと説明されるが、あまりに無責任ではないか。

何故なら、「倒産」は〝金〟の回収困難に留まらない。働く社員やそのご家族らの生活や人生を大きく変えてしまう。むしろ、過剰債務部分を〝債権カット〟してあげて、身軽で適切な債務の会社としてあげた方が営業活力は向上し、資金繰りも安定し、残債務の返済が続き、結局〝債権回収の極大化〟につながることになる。債権者から見ても〝利益〟となる。

▼金融機関の本質

それだけではない。債権者たる金融機関は、営利を追求する株式会社であると同時に、〝免許制〟の株式会社として〝公的立場〟にあり、金融という血液を流して地域経済の活性化に寄与する〝役割〟を有している。その意味では、一般の上場会社以上に〝社会的責務を担う役割〟をも有している。対象債務者企業に対する〝債権カット〟により、再生の活力を与えることで当該地域企業を再生させるし、地域で働く従業員の雇用の維持、確保につながり、生活・暮らしの安定が図れる。更には地域活性化の役割を果たし、それは当該地域で活動する多数の会社と多数の取引先の継続を可能にする。当該地域が活性化することは、当該金融機関自体の活力の源となるものである。

〝情けは人の為ならず〟（情をかけてあげなさい。それはひいては自分のためなのだ）という諺がある。金融機関が経営危機に瀕している会社を過剰債務から切り離してあげるための〝債権カット〟はひいては金融機関の地域貢献の役割を果たすとともに、さらには金融機関自身がそこで活動するその地域における将来の存続にとっても重要な意味を有するという面で、まさに〝自分のため〟なのである。

▼金融機関は緊急患者の命を助ける救命医師になれ!!

私が尊敬し、親交のある中小企業再生支援全国本部の顧問の藤原敬三氏[10]も地域金融機関が「企業や経営者のために債権放棄してあげる」という上から目線ではなく、「自らのために債権放棄をする」つまり、地域中小企業と地域金融機関が〝運命共同体〟であるという肌感覚が生まれなければ、債権放棄による私的整理は本格的に進まないであろうと言っているが、まさに〝同感〟である。

そこで金融機関に問う。平時の〝融資〟をする時には慎重かつ厳格であって当然に然るべきであろうが、これに対し、〝債権カット〟は金融機関にとっても、〝犠牲〟を伴うことだから、大いにご不満なことは重々承知しているが、あえてお願いすれば、会社が倒産しそうで死にそうな〝緊急事態〟の時は過去のしがらみに囚われず、ぐずぐずしていないで、〝リスク〟を取る〝自己犠牲の精神〟で大胆に且つ思い切って〝過剰債務〟という〝がん〟を切り取るメスを持つ〝医者〟としてその会社の命を救って欲しい。

▼中国の古典（史記）の中の馮驩《ふうかん》[11]の中の行動から

最後に馮驩《ふうかん》の行動をもってこの項を閉めたい。

孫子の兵法に〝君命に受けざるところあり〟がある。

保証協会を含め、〝抜本再生〟に〝組織〟としては、消極的な金融機関の〝一担当者〟には、この孫子の兵法の〝君命に受けざる所あり〟（＝現場においては上司が命令を下したときから状況が変化していることがあるため、その場の状況に応じた臨機応変な判断をすべきである）の記を思い起こして欲しい。

債権カットの〝抜本再生〟が有益であることは、既に中国の古典に登場する〝馮驩〟の言葉が極めて的を射ているので紹介しよう。

秦が統一を果たす前、多くの国が覇権を争っていた春秋戦国時代の頃、斉の孟嘗君《もうしょうくん》が食客の馮驩に〝借金の取り立て〟を依頼した時のことだ。馮驩は、借金をした者を一堂に集め、「利息の払える者も払えない者も皆集まれ、借金の証文も持って来い」と呼び掛けた。

約束の日、皆に証文を出させて突合せ、利息の払えそうな者には期限を切り、貧しくて払えそうにない者には借金の証文を焼き捨てた。

孟嘗君は、「証文を焼き捨てた」と聞くと、怒って馮驩を呼び戻し、これはどういうことかと責めた。

「余裕のある者には返済の期限を決めました。不足する者には証文を盾に十年責めてみたところで利息が増えるだけのこと、厳しく催促すれば逃亡して証文なんぞ何の役にも立たない。今こそ、士民を励まし君の名声を上げるチャンスです。そのため、無用の空証文を焼き、手に入らない皮算用を捨て、民を君に尊敬させ、名声を高めようとしたのです」

孟嘗君は馮驩に謝った。

この馮驩の行動はまさに「君命に受けざる所あり」と言えよう。

取立ての現実と〝人間の心〟を読み取ったこの中国のこの古事は現在でも十分当てはまる。

第5 金融マンの矜持

ひどい話があったものだ。

経営破綻をし、民事再生を申し立て、その後棄却され〝破産〟となったスマートデイズ社の女性専用のシェアハウス「かぼちゃの馬車」に関わる「スルガ銀行」の融資姿勢だ。

金融庁においても、法人主体から個人主体にシフトした他の金融機関と〝差別化〟〝独自性〟を図った融資体制をビジネスモデルとして賛辞していたものの、「利益至上主義」と言っても、度を越した利益至上主義は〝有害〟であろう。

平成三〇年九月七日スルガ銀行の融資姿勢に関する弁護士を中心とした第三者委員会の三〇〇頁を超える「調査報告書」が発表された。

これによると、成果主義による営業実績を上げんがための融資部が、それをチェックする側の審査・管理部を恫喝すらしたとの報告がある。本来は逆である。融資の成否は、時には人生に影響する。〝行き過ぎた融資〟は、時には〝有害〟となる。〝行き過ぎた融資〟をチェックする機関として審査部があるはずだ。その〝ブレーキ〟が効かなくなるどころか、〝アクセル〟を踏み続けて、もはや〝暴走車〟と化した感がある。これでは第三者を巻き込む大事故必至である。

「銀行法一条」は、その〝公共性〟に鑑み、「国民経済の健全な発展に資する」という〝他利〟〝社会奉仕〟としての使命・役割を担うべきと謳っている。にもかかわらず、「スルガ銀行」の融資姿勢は、この融資を続ければ、借手側が〝過大借入れ〟となって返済に窮する、即ち、人生の歯車が狂うことの危惧を考えることすら放棄し、明白な数字の改ざんを安易に見逃したり、返済能力に疑問を抱かせるような、ひいては、返済に窮するような貸出しをすることは、「自己の利益」、換言すれば、それは法人としての銀行の利益というよりも、もはや貸出し成績に応じた行員個人の報酬を上げんがための〝個人的行為〟であり、「公的機関たる銀行組織の一員」としての役割・モラルを放棄しているに等しい貸出し姿勢であった。公的な金融機関が、貸出し先の方々の人生にどれ程の影響力を持つかを〝銀行マン〟として忘れたわけではあるまい。

まさに「貸し手責任」が問われてもおかしくない融資姿勢であろう。

スルガ銀行は、静岡県沼津市に本店を置く私の郷里静岡の銀行の一つであり、その「経営理念」は〝お客様ファースト〟（お客様本位の経営）としての社会的責任を果たすとうたっていたはずであり、私も「スルガ銀行」の行員と一緒にいくつかの会社を再建したこともあり、よく知っている銀行なだけに静岡ゆかりの〝清水次郎長〟や〝徳川家康〟が聞いたら〝情けない〟〝恥を知れ〟と言いたくなるような体質に成り下がってしまったことは残念でしょうがない。経営者が長く居座り、イエスマンが増殖するとこうなるというような見本のような事件である。「スルガ銀行」の融資姿勢については、全ての金融機関が「対岸の火事」と放置することなく、むしろ「反面教師」として、もう一度、我が融資姿勢・公的機関としての影響力を自覚して、取引先企業との向き合い方を考えてみる良い機会なのではなかろうか。そして、返済に窮している貸出先に対し、〝情ある配慮〟をすることが、本来の〝企業理念（共存）〟に基づく信頼を取り戻せる唯一の道であろう。

〝ビジネスで成功する一番の方法は、人からいくら取れるかをいつも考えるのではなく、人にどれだけのことをしてあげられるかを考えることである〟

デール・カーネギー[12]

〝諫めてくれる部下は、一番槍をする勇士より値打ちがある〟

徳川家康

▼健全な融資とは

金融機関の融資姿勢はというと、得てして融資をしてハイお終い、となる場合が少なくない。

その後しばらくして返済が滞り始めると、初めてドタバタし、強行なる取立てに追い込むというのが一般的であるように思う。「融資」と「回収」が〝連動〟していないのである。健全なる回収が伴って初めて健全なる融資と言えよう。

そのためには、融資に関しては、融資先企業と共に融資先の有効なる使われ方の確認や、融資先企業の成長性・健全性を指導し、成長に導くための情報提供や営業の助言・紹介・経営者の公私混同への戒めや安定性を導くための財務内容の改善指導や、新ビジネスへの助言等の「コンサルタント機能」を発揮して、日々融資先企業の安定性・健全性への〝サポート業務〟が必須であろう。お節介がられるくらいに融資先企業に〝密着〟し、融資先企業と〝一心同体〟となるくらいで、初めて〝融資責任〟を果たせたと言えるであろう。

返済が滞った会社に対する融資先金融機関は、もう一度自分の胸に手を当てて自分の融資姿勢がどうであったか考えてみて欲しい。

私的再建手続は債権カットを骨子とする〝抜本再生〟が「原則」でなければならない。

コラム　〝このままでは返済に一〇〇年かかります〟〝廃業されたらどうですか〟

（バンクミーティングの席上で）

その会社は、既に中小企業再生支援協議会の中で「リ・スケジュール」方式での三年計画立案後の二年目に入ったところで会社の事業は計画を大幅に下回る危機的状況になってしまった。約定の金利の支払すら困難となっていた。

風の便りに光麗法律事務所の評判を聞きつけ、件の会社の社長がわらにもすがる思いで九州の遠方から相談に来られた。この必死の「出会い」から私は会社再建を引き受けた。

中小企業再生支援協議会の中で「リ・スケジュール」による返済計画をベースに運営後三年目に入った「モニタリング」のためのバンクミーティングの時のことだ。

某銀行から「先生、会社は、計画一年目・二年目とも収益による弁済の絵が描けません。仮に多少の収益が出て年間一〇〇〇万円の返済ができるとしても八億円の返済には八〇年かかりますが、当銀行としては、とてもそんな超長期の弁済計画は承諾できません。〝廃業〟を考えてはいかがですか」ときた。

私は少しムカついて、

「いみじくも今、銀行さんが〝答え〟を出してくれたと思います。確かに返済に一〇〇年二〇〇年かかることは異常ですし、〝健全な企業〟と言えません。まさに〝過剰債務〟です。かと言って、『廃業』は、従業員みんなが頑張ってくれている現状から、彼らの職を失わせ、その人生をくるわせることになりますので、そのようなことは考えてもいません。『リ・スケジュール』方式では残念ながら失敗した案件です。お分かりかと思いますが、『債務償還年数』からみても本件は、私は、〝抜本再生〟が必然な案件と考えています。債権カットすべき事案だと思っています」と返した。

すると、その銀行は「先生、〝債権カット〟の要求なんてとんでもない!! 当銀行では私的整理の事案での債権カットには軽々とは応じられません」と返してきた。

九州での再生支援協議会でのモニタリング会場は少し険悪な雰囲気となった……。

我が国は〝地域経済の復興支援〟と謳っているものの、まだまだ地域金融機関にとっては、「債権カットによる抜本支援」にはアレルギーがあることがうかがわれる。

▼金融マンとしての矜持とは

私の古き友人である元銀行員から「銀行というところは〝前例はあるか〟〝他行はどうか〟との二つの言葉を使えれば行内で生きていける」と言われ、大変憤慨したことを覚えている。

そこで、本項では、「債権カットを骨子とする抜本再生」こそが〝本当の再生〟であることを〝金融マンの矜持〟として金融マンは持つべきであることを「検証」してみよう。

私の体験においても私が再建に初めて関与した三五年程前は〝私的再建〟そのものが金融機関には縁遠いものであった。金融機関の担当者曰く「そんなことができるのか？」

銀行と取り交わした約定返済を〝変更〟（リ・スケジュール）することすら相当な抵抗があった。ましてや私的再建で〝債権カット〟など議論にすらあがらなかった。債権カットをしなければならないほど〝疲弊〟した会社なら破産手続か和議手続、会社更生手続等の裁判所による〝法的手続〟でなければならなかった〝時代〟であった。その後も金融機関の対応は頑なで、ようやく疲弊会社の資金繰り事情を勘案して条件変更の「リ・スケジュール」が認められるようになったのもこの二〇年程である。それでも〝金利〟の引き下げなどには応じられないと突っぱねられることも度々であった。

ではなぜ私的再建では「返済条件の変更」を骨子とする〝リ・スケジュール方式〟でなく事実上の〝債権カット〟を含むいわゆる〝抜本再生〟でなければならないのか？

（理由　その1）

企業が存在することで大事なこと。

その答えは「そもそも企業は本来会社を構成する人々の幸せの増大のためにあるべきであり、そのために大事なことは、会社が永続的に繁栄していかなければならない」という出光興産創業者出光佐三氏の言葉のとおりである。

永続的に繁栄するためには、健全企業に生まれ変わらなければならない。そのためには、疲弊して倒産寸前の今の窮境会社の病巣を完全に断ち切らなければならないからである。

（理由 その2）

リ・スケジュールでは〝命〟を救えないこと。

しかし、「リ・スケジュール」で金融機関の消極的風潮に風穴を開けてきたものの中小企業の社長さんたちの〝自死〟があいつぎ、疲弊会社の内容程度如何によっては単純な「リ・スケジュール」での解決は単なる〝先送り〟〝倒産予備軍〟にすぎず、〝本当の解決にはならない〟〝社長の命を救えない〟ことを我が身をもって知った。

（理由 その3）

リ・スケジュール事案でのとん挫が多いこと。

現在でも私が関与していなかった別の弁護士による再生案件や再生支援協議会が「リ・スケジュール」で合意形成の上、成立させた案件が、わずか一～二年で計画通りの弁済ができず、むしろ傷口が悪化する等容態はますます悪くなり、再び資金ショート倒産の危機に陥り、結局当事務所の評判を聞きつけて当事務所に助けを求めてくる案件が多数ある。その数も一件や二件どころではない。

このような案件は、当事務所で債権カットを含む〝抜本再生方針〟を立てて再建を開始するが、一度再生に失敗しているためか金融機関や再生支援協議会の抵抗は根強い。

しかし、これらは、当該事案の本質上債権カットによる〝抜本再生〟で成立すべき案件を単なる先送り的な「リ・スケジュール」で成立させたために〝失敗〟したのであって、もはや再びのリ・スケジュールはありえないことから、金融機関を説得する。「リ・スケジュール」案件は本当に〝会社〟の真の再生を願っての方策だったのか、それとも〝会社のため〟でなく単に債権カットによる自己犠牲を嫌う金融機関自身の〝身の保全のため〟の方策だったのではないか。金融機関の方々には今一度自分の胸に手を当てて考えてもらいたい。こうした抜本再生で成立した案件は現在も無事安定した事業経営をしており、〝永続的な繁栄〟に近づいていている。

〈理由　その4〉

リ・スケジュール方式では窮境原因（特に過剰債務）の除去ができないこと。

「リ・スケジュール方式」では経営危機を生み出した重要な原因たる〝過剰債務〟の問題が解決していないため、単なる資金繰りの先延ばしにすぎず、なんら抜本的な解決になっていないからである。

例えば、売上高をはるかに超える過大な有利子負債等を背負っている、仮に売上高一〇億円の会社で減価償却前営業利益が一％として年間一〇〇〇万円の償却前営業利益を生み出している会社があるとする。一方有利子負債が売上高をはるかに超える二〇億円あり、その金利が二％として、年間四〇〇〇万円発生しているとした場合、この金利をどうやって払えというのか？

「インタレスト・ガバレッジ・レシオ」（金利支払い能力）からみても一を割り込み、金利すら満足に払えない会社だ。しかし、会社の通常営業からは、立派に〝利益〟が出ている。停止していた元金返済が開始されれば、結局資金繰りに窮して再び資金ショート倒産に陥るのは火を見るよりも明らかであろう。

売上・利益が不均衡な過大な債務を背負ったままの再建は〝重い鎧を背負って荒れた海を泳ぐようなもの〟だ。容体はますます悪化し、いずれ体力を消耗し、海の底に落ちて行ってしまう。

（理由　その5）

過剰債務の除去はP／Lの改善になるから。

この点「過剰債務」の問題は、あくまで〝B／S〟上のもので、〝P／L〟上の損益を改善しなければ意味がないという識者がいる。

しかし、会社にのしかかる過大な有利子負債の返済に汲々として〝資金〟が枯渇し、その結果将来の収益を生み出すべき設備投資、広告宣伝費、会社の従業員の人件費が改善されず、その結果〝モチベーションや品質（クオリティー）の低下〟等損益面への悪しき影響ははかりしれない。現に事実上の債権カットをして有利子負債が軽くなり、返済に汲々としなくなった再生会社はその資金を研究開発費、設備投資、社員の待遇改善に使えるようになり、モチベーションや品質の向上により売上も伸び、販管費の削減等の合理化実施等と相まって利益も増大していった会社はいくらでもある。これらの〝実例〟を見ればB／S面での〝過剰債務問題の解決〟が〝損益面の改善〟に結び付くことがよく分かる。

（理由　その6）

中小企業再生支援協議会のデータベースから明らか。

リ・スケジュールにより成立した案件よりも債権カットを含む〝抜本再生〟により成立した案件のほうがその後の安定した経営に結び付いている。このことは、東京都中小企業再生支援協議会作成の再生支援企業の一〇年後の追跡調査結果からも明らかである（一〇〇頁参照）。

これによると、「抜本再生となる債権放棄等の支援を受けた企業」二九社は一〇年後の生存率が一〇〇％で自力再生型（二三社）とスポンサー型（六社）とも一社も倒産していないことが確認された。

（理由　その7）

法的再建手続の仕組みは全て債権カットの抜本再生となっているから。

さらに債権カットの抜本再生が〝本物の再建〟であることは〝法的再建手続〟を見ればよく分かる。

法的再建手続である民事再生手続では返済期間は原則一〇年（民事再生法一五五条三項）、会社更生法では原則一五年（会社更生法一六八条五項）と期限が明記されている。これは一〇年〜一五年で返済終了（〝無借金〟）となるレベルまで有利子負債をカットするのである。換言すれば〝適正な負債額〟に修正することこそが裁判所の関与により永続的に安定した会社に再生させることにつながることが経営指標や過去の経済体験から求められているからだ。私的再建も法的再建も同じ再建手続であり、その〝本質〟は、企業の永続的繁栄であるから、この〝法的再建手続の精神・仕組み〟は私的再建にも通じなければならない。

（理由　その8）

金融庁の指導方針から。

金融庁の健全企業への立ち直りの指導として「債務償還年数」[13]の指標として、運転資本（売掛金や商品の価額合計）分を控除した残有利子負債に対し、償却前営業利益で一〇年分を超えた有利子負債部分は〝過大〟な債務と認定し、〝債権カット〟することが永続的安定的経営に結び付くことを指摘している。

▼結論

借金の額もそう多くなく十分に返済ができそうな収益力を有する会社には期限の猶予等の「リ・スケジュール」での対処で十分であろうが、もはや虫の息で金利の支払いはもちろんことと借入元金の返済能力に欠けるような企業に対し、借金を返せと責め立てれば責め立てる程モチベーションが低下し、会社は〝破産〟等で消滅してしまう。そうなれば、余計に回収額は減少し、場合によっては0となる。むしろ、会社の能力に応じて返せる金額にまで借金を〝減額〟してあげれば、モチベーションが向上し、債権者に〝感謝〟し、懸命に返済に向けて努力するものであることを私はその体験を通して知っている。結果として、〝回収額が増加する〟ものである。〝損して得とれ〟である。前述の〝馮驩の行動〟（一一一頁参照）を参考にしていただければ〝悲惨な倒産〟は防げるのである。

〝前途は遠い。そして暗い。しかし恐れてはならぬ。恐れない者の前に道は開ける。行け。勇んで。小さき者よ〟

有島武郎[14]

第6 過剰債務を切り離して、業績が急回復して順調に会社を続けている会社の話

東北地方のスーパーの再建の話▼体験記3

本項では、〝過剰債務〟から倒産の危機に陥った会社に対し、全金融機関の同意を取れないまま〝見切り発車的に会社分割を実践〟し、最終的にはメインバンクの力を借り、長い年月をかけて金融機関から債権カット等の金融支援に対するご理解・ご協力を得て〝過剰債務〟から解放され、新会社設立時から売上高・営業利益を計上し、更に四年後には倍増して二〇一八年で会社分割から一〇年を経過した会社の再建体験記のその後を発表したい。まさに〝金融マンの矜持〟を示した再建劇であった。

▼純粋私的再建手続の流れ

［事案］
地元県内に一二店舗展開。（特色）エブリデイロープライス（ＥＤＬＰ）。
無謀な出店攻勢にメインバンクが待ったをかけた。融資ストップ。店舗造作のリース支払いや借入金の返済に苦しむ。店舗展開により売上を増やし、その売上で旧店舗に付着する造作

リースや借入金の返済に充てるという〝自転車操業〟から資金ショート（売上高至上主義）。

〝人は神ではない。誤りをするところに人間味がある〟

山本五十六

〝成果とは常に成功することではない。そこには、間違いや失敗を許す余地がなければならない〟

ピーター・ドラッカー

二〇一〇年、メインの銀行からの持込み（銀行としては第三者によるスポンサー方式の要請）↑しかし、当職は〝スポンサー方式〟には異論。〝敗者復活〟のチャンスを与えたく自主再生を目指すのでメインバンクに協力要請。↓メインバンク渋々了承。

▼当事務所の診断――私的再建策

各店舗ごとの採算・不採算を調べていくと実にその大半が〝不採算店舗〟まさに〝どんぶり勘定〟であった。しかし、救いは採算店舗が若干ではあるが存在していたことだ。このことは地域のお客様に愛されており、地域になくてはならない存在ということだ。

そこで一二店舗のうち不採算店舗七店舗を閉鎖し採算店舗五店舗を残して再建を進めることにした。

当初は年商一〇〇億円（月商八億円前後）↓不採算店舗閉鎖後は年商七〇億円へ。

▼棚に商品がない!!

現場に行ってビックリした。「店舗内に商品がない!!」「このままでは間違いなく潰れてしまう!!」さあどうする!!

〝簡単に諦める者に勝利はない。勝者は決して諦めない〟

ナポレオン・ヒル15

直ちに約一七〇社の仕入業者を一堂に集めた「取引業者説明会」を開催。もはや〝民事再生手続の私的再建版〟である（なぜなら取引先を一堂に集めるなど〝信用不安〟を生じかねないので、私的再建ではまずやらない!! 私的再建では取引業者を巻き込まないのが原則である）。しかし、本件は既に〝信用不安〟となっていたから、〝ここは取引先の信用をどうやって回復するか〟が〝再建の鍵〟であった。

▼私的再建の妙技

そこで、裁判所での民事再生では取引先も債権カットの対象となるし、〝偏頗弁済〟は禁止されているが今回は〝私的再建〟でありそのための信用回復の手段として〝取引先・リース会社は全額支払う〟というところに法的手続ではできない〝私的再建の妙技〟があった（なお、万一の場合に不利益を被ることになる金融機関には〝この扱い〟（私的再建）を説明し、了解していた）。

▼弁護士の信用補完機能を活用

私はこの「取引業者説明会」に集まった一七〇社の取引業者の方々に説明した。

「会社はメインバンクの理解を得て〝私的再建〟を進めている。この会社は食を通じて地域に幸せを与えており、お客さんに愛されている。再建に値する会社である。〝取引業者の協力〟があれば会社は必ず蘇る。私が必ず再建に導くから私を信用してほしい」

この時は「ＮＨＫプロフェッショナル仕事の流儀」に出演した直後であった。幾多の会社の再建の実績があるといえども弁護士村松謙一の力だけではきっと心に響かなかっただろうが、この〝演説〟が「プロフェッショナル村松謙一の言葉」として取引業者の心に響いたのだろうか。会社の信用は徐々に回復していった。ＮＨＫの力はすごい!!　ＮＨＫがこの会社を再建に導いたといっても過言ではない。ＮＨＫに感謝である。

▼当職からの具体的要請内容

信用失墜のため、仕入先に対して、毎月七億円の現金決済→このままでは資金ショートによる倒産必至→この「決済方法の改善」こそが至上命令→そこで一カ月の与信要請（これにより会社には七億円が手許に残る計算→資金繰りが楽になる）

［説得内容］

未払いの八億円（約一七〇社）については会社が生きていければ、七年かけて「全額支払い」（リ・スケジュール）。しかし、このまま倒産したら八億円はパー。店舗造作等のリース業者の残リース債権五億円についても「リース業者説明会」を開催。メインバンクの理解は得られている。

> 全額払う。その代わり七年の時間を下さい。（リ・スケジュール）

⬅

> バンクミーティング開催
> 金融機関については、会社分割による〝第二会社方式〟での〝抜本再生〟要請。しかしながら銀行間の利害が複雑に対立し、なかなか理解を得られない。メインバンクを除くその余、特に政府系金融機

関の態度はかたくなだった。

⬅

全行同意を待っていたら会社は〝死〟んでしまう。私の肩には約五八〇名の従業員（パートを含む）とそのご家族の生活が懸かっていた。

〝いったん志を抱けば、この志にむかって事が進捗するような手段のみをとり、いやしくも弱気を発してはいけない。たとえその目的が成就できなくても、その目的への道中で死ぬべきだ〟

坂本龍馬

▼会社分割の実施

二〇〇八年二月

全行同意する前に〝会社分割〟を実施。

⬅

二〇一三年三月

その後渋る金融機関にはメインバンクが担保の譲歩をする等メインバンクの力を借りながら〝説得〟を続け全行同意に五年を要した。

⬅

▼他県への新規出店

二〇一六年

会社の経営が順調であり、守るべき取引先の未払金の返済完了の目途もたったので〝税金対策〟も含め、そろそろ反撃開始。〝スクラップアンドビルド〟のビルド（建設）を実施決定（但し、銀行との約束で「新規出店には銀行との協議を要す」旨の歯止めあり）。そこで、新たに近接県に出店要請をするも銀行はアレルギー反応で拒絶。

⬅

出店プランニング、出店のメリット・デメリット、出店先のマーケットリサーチ等を入念に行い、社内でも検討会をしていった。過去の経営危機に陥った当時の盲目的な出店状況とは明らかに違うことを金融機関全員に説明して〝説得〟すること半年。県外一号店を出店させる（担当銀行員は辞表覚悟で上司を〝説得〟してくれたそうだ）（金融マンの矜持を見た!!）。
二年目に何とか黒字化達成↓担当銀行員はハラハラドキドキだったそうだ。

二〇一七年一二月
二〇〇九年に弁済協定を締結したリース業者一四社約五億円を「完済」。

二〇一八年三月
県外二号店出店、合計七店舗
未来の会社のビジョン
五年後には、売上一五〇億円、営業利益七億円を計画している。

▼会社の現況
二〇一八年七月（会社分割後第一〇期「モニタリング説明会」を開催）
「取引先説明会を開催した当初の総額八億二〇〇〇万円（債権者は約一七〇社）についても平成三〇年にはあと残りわずか約一〇〇〇万円（債権者五社）にまで減少しスーパーは順調に永続していくことを確認している。

第7 〝決断〟の重要性

幾多のバンクミーティングを体験している私としては、バンクミーティングの席上金融機関の支援を仰ぐとき、「全部の金融機関が支援するならば当行も支援する」旨の発言を聞くことが多々あるが、この〝人頼み〟の発言には〝金融マンとしての矜持、気概〟が感じられず〝情けない〟と言いたくなる。地域の金融機関としての繁栄は、少なくとも地域の中小企業の事業継続によりこれまで成り立ってきたのではないのか？　地域中小企業が健全で調子が良いときには地域金融機関も融資等によりその恩恵を受けてきたはずだ。その〝恩〟を忘れたわけではあるまい。自分が所属する金融機関の〝企業理念〟に何と書いてあるか今一度思い起こしてほしい。然るに地域の中小企業が風邪をひき、調子が悪いとなると近寄りたくなくなるのか。〝距離〟を置きたがるのは如何なものか。他の金融機関の判断など頼りにせず自ら率先して自らの判断で思い切って自分は自分として「当行は支援します」と言えないものか。

他方で、現場の一担当者個人としては、危機的状況にある会社の内情がよく分かり何とかして助けてやりたいとの思いがあるものの、社内にかえって審査部なり融資管理部なり、金融サポート部なり、名称はいろいろあるが、結局は〝机上の上司〟に伺いを立てると〝前例主義〟がはびこっているせいか、債権カットを骨子とする「抜本再生」自体に対する拒絶反応や再生計画の「履行の確実性」や「経営者の続投」に対し否定的な回答が返ってくることが多い。このままでは会社は壊死してしまうことが分かっているのにだ。しかし、現場のことは経営者の声、目、その肌に普段から接している〝現場の担当者〟が一番よく分かる。こう言っては何だが会社再建のプロフェッショナルである再建専門弁護士が専門の「公認会計士」に協力を仰いで〝公正〟〝衡平〟〝履行の確実性〟〝透明性〟を十分に検証して作成した「再建計画」であり、組織の中でも十分に経験を積んだ有能な審査部長としては〝経済合理性〟〝支援の必要性〟は十分に読み取れるのではなかろうか。審査部長としては、ここは坂本龍馬や西郷隆盛のように〝思い切ってやりなさい。責任は私がとる〟くらいの〝矜持〟を見せられないだろうか。

〝あることを真剣に三時間考えて、結論を出したら、三年間、真剣に考えても、結論は変わらない〟

フランクリン・ルーズベルト[16]

〝何でも思い切ってやってみることですよ。どっちに転んだって人間、野辺の石ころ同様、骨となって一生を終えるのだから〟

坂本龍馬

〝思い切ってやりなさい。責任は私がとる〟

西郷隆盛[17]

〝決断しないことは、ときとして間違った行動よりたちが悪い〟

ヘンリー・フォード[18]

1▽アメリカ合衆国の教育家、社会福祉活動家。『奇跡の人　ヘレンケラー自伝』小倉慶郎訳（新潮社）

2▽アメリカ合衆国の詩人

3▽江戸幕府初代将軍。『徳川家康という男』平尾栄滋著（郁朋社）

4▽海軍大将。『山本五十六のことば』稲川明雄著（新潟日報事業社）

5▽アメリカ合衆国の経営学者。『経営の哲学（ドラッカー名言集）』上田惇生訳（ダイヤモンド社）

6▽「中小企業再生支援協議会事業実施基本要領」Q＆A

Q28　『経営責任の明確化』とは具体的にどのようなことですか。〝経営者の退任〟が求められるのですか。（本基本要領六（5）⑤）

A　協議会スキームにおいては『経営者の退任』を〝必須〟とするものではありません。（中略）『経営責任の明確化』の内容としては、〝役員報酬の削減〟〝経営者貸付の債権放棄〟〝私財提供〟や〝支配株主からの脱退〟等により図ることもあり得ると考えます。

7▽三菱ＵＦＪ銀行は「経営ビジョン」として「社会的責任の重さを一人ひとりが十分に認識し……、長期的な視点でお客さまと社会の健全な成長に繋がる行動をとる」と、みずほフィナンシャルグループは「企業理念」として「……お客さまと経済・社会の発展に貢献し、みなさまに〈豊かな実り〉をお届けしてまいります」と、三井住友フィナンシャルグループは「経営理念」として「お客さまに、より一層価値あるサービスを提供し、お客さまと共に発展する」と表明している（傍点は筆者）。

8▽「過剰債務」は一般的にはＦＣＦ（フリーキャッシュフロー）の一〇倍を超える金額と考えられている。

9▽ちなみに大会社を対象として規定された「会社更生法」は、「更生計画による権利の変更」として債務の期限は、次に掲げる期間を超えてはならないとして、原則一五年弁済とされている（会社更生法一六八条五項）。要は、この「期間を超えてはならない」という記載方式にして、長期弁済となることを禁止するという規定の仕方は重要である。

10▽藤原敬三「中小企業・小規模事業者の事業再生に向けて」（事業再生と債権管理一五四号一〇頁）

11▽『孟嘗君』宮城谷昌光（講談社文庫）

12▽アメリカの教育者

13▽銀行が健全経営として融資をする前提として重視している指標の一つに債務償還年数がある。債務償還年数を求める計算式は（有利子負債－所有運転資金）÷キャッシュフロー（税引後当期利益＋減価償却費）であらわされる。この指標が一〇年未満が〝健全企業を図る指標〟の一つとなる。

14▽大正時代の日本の小説家。『小さき者へ』

15▽アメリカ合衆国の著作家。『成功哲学』ナポレオン・ヒル著／田中孝顕訳（きこ書房）

16▽アメリカ合衆国第三二代大統領。『フランクリン・ルーズベルト伝』中島百合子他著（NTT出版）

17▽幕末期の薩摩藩士。戊辰戦争を主導した。

18▽フォードの創設者。『藁のハンドル』ヘンリー・フォード著／竹村健一訳（中公文庫）

第5章

中小零細企業の経営者に伝えたいこと

〝去年《こぞ》盛りあらば今年は花なかるべきことを知るべし。時の間《ま》にも男時女時《おどきめどき》とてあるべし。いかにすれども、能にも、良き時あればかならず悪きことまたあるべし。これ力なき因果なり〟

世阿弥

人生には良いとき（男時）も悪いとき（女時）もある。どんなに努力してもうまくいかない時もある。死にたくなる時もある。時の流れの中、努力ではどうにもならないのが宿命。世阿弥も成功の絶頂から晩年に佐渡への流刑の憂き目にあうなど不遇の時代を過ごすが、成り行きには逆らわず、全ては〝宿命〟と受け入れ、無為に過ごさず、能の本質を突き詰める時間にあて、老後の今を〝老後の初心〟として懸命に生き抜いたこの世阿弥の〝生き様〟を中小零細企業の経営者に届けたい。

第1　人間として一番大切にしなければならないものは何だろうか？

経営危機に陥り、眠れぬ夜を何度もすごし、なにもかもがうまくいかず、漆黒の闇の中の絶望の淵にあって〝死〟を頭に浮かべた経営者の方々に言っておきたいことがある。

〝私の最大の光栄は一度も失敗しないことでなく倒れるごとに起きるところにある〟

本田宗一郎

〝逃げた者はもう一度戦える〟

デモステネス[1]

人間が一番大切にしなければならないものは何だろうか？
それは、一番が〝命〟であり、二番目に〝権利・自由〟であり、会社やお金や自宅といった〝財産〟は三番目にすぎないということだ。
会社やお金や自宅は一度失ってもまた取り返せばよい。しかし、〝命〟だけは一度失ってしまうともはや取り返しがつかない。鬱状態の中で、死にたくなるほど苦しく先が見通せない不安な気持ちはよくわかる。しかし、それでも踏みとどまらなければならないのかと問われるとそれでも踏みとどまらなければならない。死なせてくれと言われても死なせるわけにはいかない。なぜなら残された家族や友人らは一生心に傷が残り、自責の念の重たい十字架を背負うことになるからだ。〝あなたの死〟は生き残っている家族や友人らの〝心を死〟なせることになるからだ。決して、死ぬことはあなたの〝権利〟などではない。むしろ、生き残ることが人間としての〝義務〟なのだ。だからあなたの〝命〟はあなた一人のものではないのだ。

〝私の最高傑作は次回作だ〟

チャールズ・チャップリン

私の二〇〇社を超える会社再建の経験から言おう。その借金問題は必ず解決できる。解決できない借金問題などないのだ。会社がなくなって、逆に借金から解放されて鬱が治り、安心を取り戻し、もう一度会社を興して今を平穏に暮らしている社長さんたちを私はたくさん知っている。人間の死亡率は一〇〇％なのだから必ず死ぬ。ならば今死ななくてもいつかは〝寿命〟がきて天国に連れて行ってくれる。だからあなたは与えられたその〝寿命〟までは生きてみないか。それがあなただけでなくあなたの周りの皆の〝幸せ〟なのだから。

〝あ～この旅は気楽な帰り道　のたれ死んだ所で本当のふるさと　あ～そうなのかそういう事なのか〟

甲本ヒロト[2]

▼依頼者の心に寄り添うことの意義

人間は弱いものだ。

暗闇で不安な経営者の心に寄り添ってあげることが、どんなにか依頼者にとって心強いかは、私自身が暗闇にいたから一番よくわかる。そして以下の「お礼の手紙」が如実に表している。

「お礼の手紙」の依頼者は、「金融機関に返済条件の変更の申し出などできるのか？　そんなことをしたら、融資を受けられなくなり会社は倒産してしまう」と信じ込み夜も眠れぬほど悩んだ末、私の事務所の門を叩いた経営者であった。金融機関への条件変更の申し出に対する〝恐怖心〟を解いてあげ、「必ず金融機関が〝味方〟になってくれますよ。いざとなったら私が飛んでいきますよ。大丈夫、安心してください!!」と安心させて彼の背中を押して、〝勇気〟を持たせて金融機関に向かわせたのである。その結果が、以下の〝お礼の手紙〟であった。

私が相談にのって〝自殺〟を考えていたことを打ち明けてくれた社長さんの〝お礼の手紙〟を掲載させていただく。

村松先生

大変ご無沙汰しております。二年前にご相談に伺わせていただいた○○　○○と申します。

先生からいただいたアドバイスのお陰で、金融機関は返済条件を変更してから、今年で三回目ですが、今回も無事更新出来ました。また、赤字だった会社が前期も黒字、今期は一〇〇〇万円もの利益が確定しそうです。

本当に感謝しております。

今、当時を思い返すと、先生がおっしゃるようにたいした問題ではなかったと思います。

しかし、当時は目の前が真っ暗で、悪い方向ばかり考えておりまして、死さえ頭をよぎりました。この程度の壁で死ななくて本当によかったと思っています。

金融機関とはまだしばらく付き合いが続くことは覚悟しております。利益も出てきたので返済額を少しずつ増やしており、今は返済が少なくなっていくのが楽しくなっています。

相変わらずお忙しい日々と思いますが、くれぐれもお身体に気をつけて頑張ってください。先生のような方がいてくれるだけで、私は全力で「事」にあたることができますし、また、他にもたくさん同様のような方がおられると思います。「最後に助けてくれる人がいる」ってことがこんなにも力を出させてくれるものとはじめて知りました。

当時、先生に「相談のお願い」で手紙を書きましたが、今、このうれしい「報告の手紙」を書きながら当時のことを思い出しています。あのときの苦しみや状況を二度と作らないように、少しくらい業績が上がったからといって浮かれないように、そして周りの人たちを〝幸せ〟にできるように、これからも全力で生きていきます。

平成○○年二月二四日

○○株式会社　代表取締役○○　○○

〝人は何度やりそこなっても「もういっぺん」の「勇気」を失わなければばかならずものになる〟

松下幸之助

第２ 経営者としての社員に対する接し方

▼社員は家族である

企業は、人・物・金で成り立っているが、特に大事なのは、〝人〟である。出光佐三氏も〝社員は家族である〟と言っている。

〝社員は家族だ。安易に仲間をクビにして残ったものだけで生き延びようとするのは卑怯者の選ぶ道だ。みんな精一杯やってそれでも食っていけなくなったら皆一緒に乞食になろうじゃないか〟

出光佐三

▼西郷隆盛の行動から

西郷隆盛が残した「西行南洲翁遺訓」に〝道を行うには尊卑貴賤の差別なし〟という言葉

がある（〝道〟の前には誰もが〝平等〟であるべきである）。

西郷は、戊辰戦争後は下級武士たちを格別に優遇し仕事を与えた。そのため下級藩士の中には西郷のために命をささげてもいいという者が多数であった。

また、こんなこともあった。

当時佐幕派だった庄内藩は一八六八年に江戸の薩摩藩邸を焼き討ちし戊辰戦争でも激しく交戦した。

新政府軍が勝利した後、庄内藩には厳罰が下されるであろうところ、西郷が庄内藩に対する処罰を極めて軽くしたことで、庄内藩の武士たちが感謝し、その後は鹿児島で西郷の教えを仰いだという。

▼孫子の兵法から

この点、『孫子の兵法』にも〝卒を視みること嬰児《えいじ》のごとし、ゆえにこれと深谿《しんけい》に赴くべし。卒を視みること愛子のごとし、ゆえにこれとともに死すべし〟（将となるものは、兵士たちをわが子のごとくいたわれば、兵士たちも、将となるものに従って生死をともにするようになる）とある。

中国は春秋戦国の頃、衛《えい》の国に呉起《ごき》という将軍がいた。呉起は将軍にもかかわらず最下の兵士と衣食を共にして車馬《しゃば》にも乗らず兵士と苦労を分かち合った。

ある兵士が腫物を患ったところ、呉起はその兵士の膿を自らの口で吸い取った。それを聞いたその兵士の母親が泣いて悲しんだという。

不思議に思った別のある兵士はその母親にその訳を尋ねた。

「むかし、呉起将軍はあの子の父の膿を同じように自らの口で吸い取ってくれました。父は感激のあまり勇敢に戦い敵陣で死にました。今度また将軍がわが子の膿を吸い取ったとするとあの子も感激してどこかで戦死するでしょう。それで泣いたのです」

経営者が呉起将軍のような心の持ち主であれば経営者と従業員が一丸となって〝倒産〟という戦場の中の敵である悪魔に立ち向かうことができるのだ。

ただし、甘いだけではダメだ。『孫子の兵法』でも〝卒、未だ親附《しんぷ》せざるに而もこれを罰すれば則ち服せず、服せざれば則ち用い難きなり。卒、親附せるに而も罰行なわざれば、則ち用うべからざるなり〟（兵士たちが未だ親しみなついていないのに懲罰を行うと彼らは心服せず働かせにくい。兵士たちがもう親しみなついているからといって懲罰を行わないでいると彼らを働かせることはできない）

▼社員の見本たれ

〝昔時の名将は、暑日に扇をとらず、寒日に衣をかさねず、雨の日に笠を用いずして、士卒への礼とす〟

上杉謙信[3]

経営が順調な時は〝役員報酬〟をいくらとってもかまわないがこと経営危機に陥った時は自分の役員報酬を返上するくらいの気概を持てば社員も皆必ず社長を見習うものだ。そうしておいて社員を海に突き落とすのでなく全員が舟に乗れる重さまで体重（給与）を下げることで会社が救われた例はいくらでもある。

一時食えなくなってもひもじさを我慢し、会社が再び立ち上がり、再建できれば、その時は腹いっぱい食おうじゃないか。生きていればこそだ。

コラム　従業員を奴隷のように扱った社長の顛末記

近江商人の初代伊藤忠兵衛氏の会社（伊藤忠商事）の永続繁栄がなされた理由は、従業員を単なる使用人でなく、〝慈悲の心〟で家族・共同経営者のように接したからだ。

これに対し、従業員に対し真逆の扱い、奴隷のようにこき使いして滅亡した会社の体験を話してみたい。

その会社は食品製造メーカーで一時はお茶の間に頻繁にＴＶＣＭ（コマーシャル）が流れ、誰もが一度は目にした、誰もが知る会社であった。

その会社の社長の車に同乗させてもらった時のことだ。

運転手がどうも道を間違えたらしくもたもた走っていた時、「ちがうだろう！」とどこかの国会議員が言ったような言葉を発しながら、後部座席に座っていた件の社長は、足を伸ばし、運転手を何度も何度もこづいたのだ。

この会社の社長の従業員への対応はまさに今でいう〝パワハラ〟である。私はその態度にビックリすると同時に普段からそんな態度をとり、〝公私混同〟〝ワンマン経営〟〝恐怖政治〟をしている経営者の末路は容易に想像できた。

件の社長に「今の態度はよくないですよ。運転手さんに謝ったらどうですか」と声掛けをしたが、私の意見を無視し、社長は憮然として謝ろうとしなかった。

▼従業員説明会で監禁された！

案の定、それから数カ月後、資金繰りがもたず、私は、裁判所に〝破産の申立て〟をした。

会社が破産に至った経緯、解雇予告手当の支給、退職金の支給、失業手当等のもらい方、健康保険の切り替え等を説明するために会社の社員食堂に従業員を集めて、「従業員説明会」を開催した時のことだ。

「会社は今日をもって裁判所に破産の申立てをした。あなた方の解雇予告手当を払う資金がない……」

と私が説明していると、あの社長にこづかれていた運転手さんが先頭に出てきて社長を呼び捨てにし「弁護士先生じゃわからない。K（社長の苗字）!! お前が説明しろ!! もう社長じゃないお前には散々こづかれたし、これまで散々我慢してきた。今ここで土下座して社員みんなに詫びろ!!」

すると他の従業員も「そうだ!! そうだ!!」と言いながら、全員社長と私の周りに詰め寄り、口々にこれまでの社長の悪態を非難し始めた。

私が「今ここで社長に詰問しても何も解決しない。ここは冷静に破産手続を見守ろう」と説明しても、私も社長側の人間に見られたのか暴言は増すばかりであった。危険を感じた私は社長を連れ出して避難しようとするとなんと食堂の出入り口の鍵を閉め社長と私を外に出られないようにした上で、やれ社長の資産を従業員に渡せとか、一発殴らせてくれ等〝集団リンチ〟でも起きそうな異常な状況となっていた。

「弁護士先生は出て行ってくれ、Kはここに残れ」

そう言われても社長を残して私だけ出ていくわけにはいかない。

社長の自業自得と言えばそれまでだが、暴行事件に発展し、警察介入で逮捕者が出るのも気の毒なので、破産管財人に「至急工場に来てくれ」と連絡した。

「村松さん、どうしたんですか?」

「従業員説明会をしていたら、監禁状態になって出られないんだ」

「わかりました。すぐ行きます」

駆け付けた破産管財人から裁判所側の人間として、

「破産管財人のNです。ここは冷静に、落ち着いて欲しい。裁判所で『立替払い制度』を活用して皆さんの解雇予告手当や退職金の一部は払えるようにするから安心されたい」

となだめてもらい、やっとのことで私と件の社長であるKはその〝監禁状態〟から解放された。

▼消費者に与えた思い出の大切さ

破産申立ての記事が新聞に掲載されると各方面から「おじいちゃん、おばあちゃんに昔買ってもらったあの〝懐かしい味〟が忘れられない。これから〝この商品〟はどうなってしまうの？」等商品の継続供給を望む声が多くあった。この会社が作り出した商品には〝思い出をもらった多くのファン〟がいたことを改めて思い出させてもらった。消費者の皆がそれぞれに〝この商品〟と共に生きた人生の一コマがあった。だから、会社はその商品を通してエンドユーザー（消費者）と繋がり、消費者それぞれに〝思い出〟という〝人生の価値〟を与えているのだ。ある意味「会社は誰のものか？」との問いに対しては、決して〝株主〟さん達だけのものではなく、エンドユーザーさん達に支えられてこそであり、エンドユーザーさんも深く関わっているのだとこの会社を通じて教えられた。

幸い、〝この商品〟のネームヴァリュー、もう一度手に入れたいというこの商品を愛してくれている消費者のために破産手続の中で私の慶應大学時代のつながりで、某老舗食品会社Ａがこの商品の「商標登録」を引き継いでくれ、今では、Ａ社の商品となって皆様に愛されていることはうれしい限りだ。

〝我々が怖れなければならないただ一つのことは、「恐怖」そのものである〟
フランクリン・ルーズベルト

第3 従業員の育て方

私の慶應大学時代からの仲の良い友人で、岡山県で和菓子の「きび団子」を製造・販売している者がいる。彼は早くから京セラの稲盛和夫氏が主宰する「盛和塾」に入塾し、その教えの中で「アメーバ経営」を実践しているそうだ。

▼アメーバ経営と会社再建

「アメーバ経営」とは各組織をアメーバと呼びその小集団（アメーバ）のリーダーが中心となって自らのアメーバの計画を立て、目標を達成すること、突き詰めれば現場の社員一人一人が経営者感覚で「全員参加経営」を実現するものだという。このアメーバ経営は稲盛氏が創業したＫＤＤＩや再建に携わった日本航空など約七〇〇社に導入されているという。私の顧問先のカネテツデリカフーズの村上社長もこの手法を取り入れて立派に蘇った会社の一つである。

稲盛氏に対する評価については、好き嫌い等〝人間〟だから分かれるところはあるとしても、この「アメーバ経営」の考え方は〝再建の現場〟では威力を発揮する。

そもそも会社が経営危機に至った主な原因は経営者に現場の声が届かず、若しくは現場の声に耳を塞ぎ、過度な設備投資や〝時代の変化〟を読み取れず、〝過去の成功体験〟を忘れられずに突き進んだ結果が大きい。この〝企業統治（ガバナンス）の欠如〟が会社の発展に大きなブレーキとなった事実は否めない。

▼中日スタジアムの再建

一九七三年春、「中日スタジアム」が経営難に陥り、社長の〝自死〟を契機に約一六〇億円の負債を抱えて倒産（破産）し、その後中日新聞等地元有力企業がスポンサーとして救済に入った時、従業員らに「売上に比し過大な経費が会社を潰した、この鉛筆一本一本を大切にして欲しい」と伝えたという。社員一人一人の経営感覚を完成させ、今日の数々の歴史を生んだ中日スタジアム（現ナゴヤドーム）がある。その意味では稲盛氏の「アメーバ経営」は企業統治（ガバナンス）を見直し、会社の利益を減少させる会社の経費の無駄を一人一人に自覚させることになり、再生の現場では有益である。

再建というまさに危機的状況だけでなく、会社が好景気の時こそ浮かれずに今一度足元の経費を社員全員で見直すことが大切である。〝有能な社員〟を育てよとはいわない。社員一人一人の能力は個人差があるからだ。しかし目の前の経費を一つ一つ見直す〝経費に敏感な社員〟は育てられるはずだ。それが会社を強くするのだ。

〝やってみせ、言って聞かせて、させてみせ、ほめてやらねば、人は動か

じ。話し合い、耳を傾け、承認し、任せてやらねば、人は育たず。やっている、姿を感謝で見守って、信頼せねば、人は実らず〞

山本五十六

第4 弁護士の賢い使い方（トリセツ＝取扱説明書）

1 転ばぬ先の杖

〝治に居て乱を忘れず〞

孔子

経営者の方から「当社の『顧問』に就任して末永く付き合って欲しい」と頼まれることがある。自分で言うのもなんだが、〝賢明な社長〞さん達である。

なぜなら、〝弁護士の正しい使い方〞は、火事になってからというように事件や経営危機になってから慌てて頼むのではなく、〝転ばぬ先の杖〞が正しいからである。

『孫子の兵法』にも〝来たらざるを恃《たの》むこと無く……攻めざるを恃むこと無く〞（倒産という敵のやってこないことをあてにするのではなく、こちら（会社側）で倒産という敵がやってきてもよいような備えを持つことが大事であり、また倒産という敵が攻撃してこないことをあてにするのでなく、倒産という敵が攻撃しようにもできない態勢をこちらで固めておくことが経営の肝である）とある。

規模の大小を問わず、会社経営をしていると順風満帆の時ばかりではない。時には嵐や事故で、船が沈没しそうになる。経営をしていて何が辛いかと言うと、倒産するかもしれないという精神的辛さが何よりも辛いし、怖いし、不安だ。その点、会社再建について百戦錬磨の弁護士がいつもそばに付き添い、いざとなった時にすぐに駆けつけてくれるという〝安心感〟は何よりも〝心強い〟ものだ。賢明なる武将は〝治に居て乱を忘れず〟を心掛けているという。経営者の心に寄り添い、万一の場合にすぐに駆け付けてくれる〝一騎当千〟の弁護士を「顧問」として〝守りの要〟として迎え入れることこそが、経営者をして、安心して〝攻めの経営〟に専念でき、会社を倒産させない何よりの〝常備薬〟となるのである。当事務所の所属弁護士達も困難な再建事件を経験し再生に導いた経験を有する〝つわもの達〟である。

『孫子の兵法』の〝百戦百勝は善の善なるものに非ず。戦わずして人の兵を屈するは善の善なるものなり〟の教え通り、再建経験豊富な弁護士を身近に置いておくことこそまさに倒産という悪魔を戦わずして倒すことになるというのは言い過ぎかもしれないが、この倒産の世界で三五年も弁護士をやっていると、弁護士業界・倒産の仕組みを知ることでようやく再建の仕組みを冷静に分析することができると感じるものである。

2　弁護士の言葉に素直に耳を傾けなければならない

〝将の能にして、君の御せざる者は勝つ〟（闘いの専門家である将軍が優秀でその戦術にもたけており、上司である王様がその将軍を信頼してその闘いを任せ、素人の王様が口を出さなければその闘いは勝つ）

孫子

孫子の兵法はいくつかの勝ちパターンを記している。

倒産という悪魔との闘いに望む経営者らは百戦錬磨の将軍たる弁護士に任せた以上その弁護士に命を委ねる気持ちでいなければならない。命を委ねられた弁護士はその実績と知力、胆力をもって自分の命に代えて経営者を守ってくれるはずだから。

コラム　忠言に耳を傾けよ

ある老舗A社の経営者がいた。その社長は、経営者仲間の友人の紹介で私の事務所にやってきたというよりも連れてこられた。その友人は老舗の社長の身を案じていた。そこで、当該老舗企業に人材を派遣して支援を続けていた大手都市銀行のメインバンクも心配となり当事務所に来て村松弁護士の力を貸して欲しいと頼み込まれた。私は再三「早くバンクミーティングを開いて会社の窮状を正直に訴えるべきである。一度広げた風呂敷をここは少しだけ畳む〝勇気〟を持って全国に展開した販売網を東京中心に縮小すべきだ（縮小均衡）。ここは実を捨てても〝名〟を残そう。なぜなら貴社の一〇〇年をゆうに超える歴史から見てもその〝名〟の価値の〝信頼〟こそ〝財産〟だからだ。そのためには、会社の経営を苦しくしている大型工場も思い切って捨てるべきだ（選択と集中）」と忠告した。

その後資金繰りに窮していた会社は断腸の思いで所有していた「本社ビル」を売却した。その時当事務所は担保をつけていた銀行と交渉し、銀行の理解を得て十数億円の売却代金の中から数億円を会社の運転資金として手許に残るようにしてあげた。その手許に残った数億円を元手に新会社を設立して製造は外注に任せ店舗数も一〇店舗前後、売上も一〇分の一になってもよいから代々続けた老舗の〝名〟（ブランド）を残して過大な借金と過大な固定経費の苦しみから解放される道を説き指導した（利益至上主義）。

〝名〟（ブランド）並びに看板商品という〝種〟や〝根〟さえ残ればまた芽は出、花は咲くからだ。生きてこそだ。

然るに件の社長はバンクミーティングを開くことには拒絶反応を示し、「銀行には一〇〇年かかっても全額返す。債権カットなどは経営者としてできない。大型工場も手放さない」と言って銀行には金利等の返済を続けたから「粗利益」をはるかに超える固定経費のために生じる毎日の〝資金不足〟から本社売却後に残してあげた〝命の水〟とも言える手許資金はあっという間に底をついてしまった。さらに日々の資金繰りには〝租税公課〟の未払いでしのいできた。その結果、億単位で租税公課を滞納してしまう。あれほど強く租税公課の滞納は命取りになると忠告してきたにもかかわらずである。私の言葉が耳に痛いのか、ある日を境に一年以上私の事務所から遠ざかっていた。私は強く見える社長が実はすごく臆病ではないかと感じていたから社長の身に何かあるといけないと思い、社長を紹介したその友人に連絡し「社長を見守ってあげてほしい」と頼んだ。そんなある日、ついに数億円に上る滞納租税公課の強制徴収寸前まで追い込まれたのか新聞を見ると〝A社破産〟の見出しがあった。

〝良薬は口に苦けれども病に利あり。忠言は耳に逆らえども行いに利あり〟
（〝良薬〟は苦くて飲みにくいが病気には良く効く。〝忠言〟を聞くのは辛いが反省し行いを直せば最後は自分のためになる）
孔子

第5　租税公課滞納の落とし穴

はじめに

金融機関に一〇〇万円、租税公課に一〇〇万円を支払わなければならないところ、今手許には一〇〇万円しかないとする。あなたならどうするか？

この手許の一〇〇万円を金融機関に支払い、租税公課の支払いはとりあえず後回しにする経営者がなんと多いことか。金融機関は顔が見え、今後の融資のことを思い浮かべるが、租税公課は顔も見えず、今後の融資を考える必要もなくうるさい催促もしてこないからだ。しかし、この選択が誤りであり、後々あなたの会社を〝破綻〟に追い込む命取りとなることに気付くべきである。

▼租税公課の滞納会社の増加

最近の傾向として、当事務所に来られる相談者も金融機関の返済に汲々とするだけでなく、既に社会保険料等の租税公課（法定福利費）を数年にわたって滞納し、その額が積もりに積もって数千万円に達する会社が増えてきている。健康保険や厚生年金等の「社会保険料」は原則企業と従業員が折半し給与から引かれるため、会社は一時的に預かっているだけなのだが、資金繰りに窮している会社は、これを資金繰りに回してしまっているのだ。

▼租税公課の滞納の怖さ

銀行等の金融機関の借入金ならば、金融機関との話し合いで、以後の支払いを猶予してもくれるし、状況によっては〝債権カット〟等の再生の後押しもしてくれる。余程悪質なことがない限り、金融機関が〝債権者破産の申立て〟をして会社を潰しにかかることもない。また、会社自らが再建のために法的再建手続を選択し、多数決による賛成を得られれば〝債権カット〟により有利子負債が軽くなり、再生のスタートを切れる方法も残されている。

しかるに、社会保険料や消費税等の〝租税公課〟は法的再建手続においても〝カット〟の対象とならず、その返済額の重さゆえ〝再生〟を断念せざるを得ない。換言すれば、〝破産〟に移行せざるを得ないのだ。租税公課の滞納会社は、いわば〝破産予備軍〟と言っても過言ではない。

それだけではない。数年にわたる多額の租税公課の滞納は、ハガキ一枚の滞納処分で〝命の水〟ともいえる会社の現金や売掛金や棚に置かれた商品を直接差し押さえてくることもある。それをやられたら会社の資金が続かず「会社は潰れる」とわかっていても彼らは待ったなしでそれ（回収）をやってくる。

▼租税公課の滞納状況について正直に金融機関に説明すべし

そもそも「租税公課」等の税金関係は、法的倒産手続でも、〝財団債権〟[4]として〝債権カット〟の対象にもならず、金融機関からの借入金である一般破産（再生・更生）債権よりも〝優先〟して支払うべき性質の〝特別な債権〟なのだ。だからこそ、資金繰りに窮した時こそ、金融機関に対して「このまま約定の元金・利息の返済を続けていたら現状の会社の資金状況では、租税公課の支払いができなくなってしまうから、これまでの約定の返済条件を変更して欲しい。せめて元金部分の返済を暫く停止させてほしい。状況によっては、〝利息〟の支払いも止めざるを得ない」とお願いするべきだ。

なぜなら、「銀行法一条」では、金融機関は〝公的性質〟を有するが故に、「〝日本経済〟

の発展に資する」〝役割・使命〟を有する旨謳っている。日本の企業の九九・七％を占める中小零細企業こそが〝日本の経済を支えている〟と言っても過言ではない。金融機関としては、租税公課が法的に貸付金に比し優先的性質であり、債権カットできない性質であることから、再生に重大な支障を生じかねないことを十分に知っているし、「租税公課による滞納処分」で再生どころか〝破産〟してしまう実例がたくさんあることも知っているから、会社からの要請を無下に断る、或いは無視することは、銀行の株主に対する重大な背信行為であり、そもそも銀行法一条に規定する〝使命・役割〟にも反してできないはずだからである。

第6 経営者は常に〝変化〟せよ

経営危機に陥ったのは、経営危機に陥るべきそれなりの事情、原因があったからだ。然るに経営危機に陥るまでの会社の繁栄の〝成功体験〟にとらわれ、危機すら脱出できず、仮に危機を脱出した後でも〝成功体験〟を引きずるようでは、またまた危機に陥ることは目に見えている。

確かに成功体験で一時は繁栄をもたらしただろうが、時代は確実に変化し、消費者の嗜好も変化している。その変化を読み取れなかったことで危機に陥ったのではないか。

スーパーダイエーの中内氏は自身の戦時中のひもじさをしのいだ体験から一般家庭でも

〝すき焼き〟が食べられるようにとの〝食の改善〟を目指して一時代を築き、日本中を〝幸せ〟にした。そして、ダイエーは、世の中が総中流社会として消費者が食の満足を得た後でも、その〝成功体験〟に縛られたため、消費者離れが生じて、やがて衰退して行った。

〝生き残る種とは、強いからでも知的であるからでもない。それは、「変化」に最もよく適応したから生き残るのだ〟

チャールズ・ロバート・ダーウィン[5]

ある東北のビジネスホテルの再建の話 ▶ 体験記4

▼手続の流れ

純粋私的再建（会社分割による抜本再生）

［事案］

　そのビジネスホテルは東北の新幹線のとある駅から徒歩五分という極めて〝立地〟の良い場所にあったがあくまで田舎のビジネスホテルの類でこれといった特色のあるホテルではなかった。新幹線の駅ができると、その立地の良さから資金力のある全国規模のビジネスホテルが次々に近隣に立ち始めた。

当然に出張客は資金力があり、サービスの充実した近隣のビジネスホテルにとられ、〝差別化〟されていない特徴のない当ホテルは売上不振に陥り、資金ショートの危機から会社の継続は風前の灯火であった。そうした中、当事務所に相談に来られた時にはとうとう資金が底をつきまさに崖っぷち寸前だった。

私は社長に「このままでは当然に資金力のある大手ビジネスホテルに太刀打ちできません。ここは社長はフロントで突っ立っている〝経営者目線〟ではなく、宿泊してくれる〝お客様目線〟でなければ会社は生き残れません。経営者の自己満足でなく〝顧客満足度〟に軸足を移す必要があります。幸い私は弁護士として北は北海道から南は沖縄まで日本中のビジネスホテルで宿泊しておりますが、なんといっても出張の疲れを癒してくれるのは大きくゆったり入れる〝温泉風呂〟ですよ。足を抱えて入るような部屋の狭いお風呂では疲れが取れません。もちろん温泉を掘るにはお金がかかるから温泉に拘る必要はありません。私が気に入って出張の常宿としているのは一部上場会社が運営しているDというビジネスホテルです」と助言した。

〝時勢に応じて自分を変革しろ〟

坂本龍馬

▼社長の決断

坂本龍馬に心酔している件の社長はこのままではホテルは座して死を待つだけですからこうなったら「村松先生に命を預けます」と私の言いつけを忠実に守り、東北地方にあるそのDビジネスホテルに泊まり、その「大浴場」の効果を体験してきた。

そしてすぐに「村松先生、どこに大浴場を作りましょうか？」

「一階ロビー脇にある〝高級レストラン〟、ここをぶっ壊して〝大浴場〟を作りましょう」

「えっ!!」社長は絶句した。それはそうだろう。せっかく大金を投資して作ったワインでも似合いそうな〝高級レストラン〟を取り壊すことには躊躇を覚えたそうだ。

「しかし、社長、こういっては何ですが、この東北の田舎で駅前もシャッター通り化しているこの地にこんな高級レストランはいりますか？　それよりも近隣の大手ビジネスホテルにはない〝大きな大浴場のあるビジネスホテル〟の方が出張の宿泊客は満足するはずですよ!!　社長が宿泊客だったらどっちを選びますか？」

変わることに〝不安〟はつきものだ。社長は悩んだ。

〝できると決断しなさい。方法など後から見つければいい〟

エイブラハム・リーンカーン[6]

崖っぷちにあった社長は、私の言うとおり高級レストランをぶっ壊して、〝大浴場〟を建設した。大浴場を作るにあたり、今度は社長自身がメジャーを持って、モデルとする東北の地にあるDビジネスホテルに泊まり、寸法を測った。

▼大浴場の建設の思いもよらぬ副次的効果

（発信）

大浴場を作った後、今度はその事実を世間に知らしめねばならない。作っただけで誰も知らないでは〝自己満足〟に過ぎないからだ。駅に見目麗しき女性の入浴姿が載った大浴場の写った「ポスター」を貼った。ホームページにもアップした。すると減少していた宿泊客が徐々に戻ってきた。

▼フォローの風が吹いた

その後、近隣の神社が〝世界遺産〟に指定され、宿泊客が倍増し、それはそれでホテルの売上増に貢献した。

▼東日本大震災の被災者に癒しの宿となった

それだけではなかった二〇一一年三月一一日にあの東日本大震災が起こり、被災地復興で働く自衛隊、救護隊、病院関係者、ボランティアらの宿泊に「大浴場」のあるこのホテルが重宝された。

震災直後の未だ寒さ厳しい三月、不安な被災地で働く彼らの冷え切った心と体をこのホテルの〝大浴場〟が温めて、生きている喜び、生きる勇気を与えてくれたことはうれしい限りだ。

〝チェンジ〟〝社長の勇気ある決断〟が多くの方々に〝幸せ〟を届けられたのである。

その後七年が経過した二〇一六年九月、M社長からお礼の手紙をいただいたのでご紹介したい。

光麗法律事務所　弁護士　村松謙一　殿。　Hホテルの M です。

先生　ご体調はいかがでしょうか。くれぐれもご自愛下さい。

二〇〇六年九月六日に代表取締役に就任して本日で一〇年が経ちました。

毎年この日が来ると当時のことが蘇ってまいりますが、今回はある意味で「節目」になる年だと思っております。

二〇〇八年に岩手宮城内陸地震、平泉世界遺産登録延期、リーマンショック、新型インフルエンザ等これでもかとさまざまな出来事が起こり、遂には売上げが半分までに落ち込み、どうにもならない状況のなか、二〇〇九年七月三日に光麗法律事務所に駆け込みました。

実はその際に、事務局から三年待ちですと告げられたことはとてもショックでしたが、最初にご対応していただいたのが後藤正志先生でした。村松先生にお会いするのも一苦労でしたので、やっとの思いで七月二二日にメトロポリタン盛岡で村松先生にお目にかかることができました。その時の言葉が今でも鮮明に覚えています。

「今までよく頑張ったね。もう安心していいよ」です。私にとって生涯の「言霊」になると思います。

二〇一一年三月一一日には東日本大震災が起こり、もうすぐ五年半の月日が経過しますが、かけがえのない家族や仲間や大切な人たちを失い、今でも立ち直れない人たちが大勢いることも忘れてはいけないことと考えています。

親を失った子どもの支援、いのちを守る活動「smile again project」も五年目に入りました。細々とではありますが今後も継続していきます。

〝自分が方向を変えれば新しい道はいくらでも開ける〟

松下幸之助

第7　会社の再建はその道のプロに任せるべきだ

〝将の能にして、君の御せざる者は勝つ〟（闘いの専門家である将軍が優秀でその戦術にもたけており、上司である王様がその将軍を信頼してその闘いを任せ、素人の王様が口を出さなければその闘いは勝つ）

孫子

▼出会いは必然

久しぶりにＮＨＫから連絡が来た。

居酒屋経営者の湯澤剛氏が、親の残した負債を引き受けて、傾きかけた会社を再建したという事案を、再建のプロとして、〝事後的に検証〟をして欲しいとの〝依頼〟だった。話を伺うと、「湯澤氏の〝選択〟は再建のプロから見て〝間違いだらけ〟だ」と回答した。「それでもいいか」と尋ねると、今回の番組は、以前、私が出演した「プロフェッショナル仕事の流儀」と違って、人生のどこが×で、どこが○かを〝検証〟する番組だから、むしろ人生の誤っていた選択を視聴者にわかってもらうために是非出演して欲しいということであった。それならばと、二〇一七年の一〇月七日（再放送一〇月一五日）ＮＨＫ総合テレビの「逆・転・人・生」というドキュメント番組に事業再生のプロフェッショナルの立場でのコメンテーターとして出演させていただいたのがそれだ。既にＮＨＫ総合テレビで実名で放映され、「ある日突然四〇億円の借金を背負う—それでも人生は何とかなる」という本として〝出版〟もされているからご存知の方々も多いと思うが、内容はこうだ。

○湯澤氏の壮絶なる人生

【事案の概要】

一流企業に勤めていた湯澤氏のお父さんが、湯澤氏三六歳の時突然亡くなられた。湯澤氏のお父さんは、居酒屋やカラオケ店、焼肉店等数十店舗を経営していたやり手の実業家であった。バブル経済真盛りの頃、銀行が借りてくれとお金を融資し、そのお金を元手に次々とビル等の不動産を購入していき、遂に借金の額は四〇億円となったそうだ。

ところが、バブル経済が弾けた一九九〇年代、四〇億円に膨らんだ借金の返済が、会社の経営を圧迫し、一九九九年お父さんは帰らぬ人となった。一流企業に勤め、ニューヨーク支店勤務の経験もある湯澤さんは、順風満帆なサラリーマン生活を送っていたが、会社の借金を老齢のお母さんに負担させるわけにはいかないと一流企業を辞め、お父さんの会社を継ぐ〝決心〟をした。そして、会社を継いでみて決算書等を確認したら、何と借金は四〇億円であり、その返済をどうしようかと途方に暮れていたそうだ。悪い時には悪いことが重なるものだ。頑張ってお店が軌道に乗ってきて、さあやれやれという時に、ある店で〝食中毒事件〟が起きたり、またある店では調理場の火の不始末で〝火事〟となり、店の信用はズタズタに切り裂かれた。湯澤氏は心が折れそうになり、危うく駅のホームに入ってくる電車に吸い込まれそうな、そんな〝心理状態〟

となっていたそうだ。結論から言うと、不要な不動産を売却して、返済に充てたが、不動産の価格は一〇分の一に下がっているものもあり、焼け石に水であった。結局、借金は二三億円が残ってしまった。その残った二三億円あまりを、居酒屋からの事業収益で返済し、不動産の売却と事業収益で、一六年かけてその親の残した都合四〇億円の借金を完済したというから凄いものだと感心する。

▼湯澤氏の選択を再建のプロの目から見た検証——選択は誤りだらけ

人間の人生は一回限りだから、自分の人生を他人にどうこう言われたくない、余計なお節介だと言う人もいるだろう。結果として、湯澤氏は、無事借金を完済できたのだから、その選択をとやかく言う必要はないという人もいるだろう。しかし、何も苦労や心が折れそうな道を歩かなくても済むのならば、ましてや精神的に追い詰められてあやうく命を落としそうになるならば、できるならば、苦労や茨の道を歩いてほしくないし、もう少し明るい道を歩けたのではないか、精神的に追い詰められることもなかったのではと思うので、万一、湯澤氏と似たような境遇に遭われた方々のために、〝社会正義と人権擁護〟を〝使命〟とする弁護士の〝性〟として、〝お節介〟かもしれないが、我々弁護士の再建の現場での最も大事な法的なことを少し話させていただく。

▼湯澤氏は亡きお父さんの借金を負うことはなかった――相続放棄の選択

湯澤氏は、亡くなられたお父さんの会社が負った四〇億円の借金を負うことになったが、借金を負う必要はなかったのだ。亡くなられたお父さん自身は、確かに会社の〝社長〟であったから、連帯保証人の印を捺印しており、「連帯保証人」として、法人たる会社の借金を〝連帯〟して返済する責任はある。

そして、お父さんが亡くなると、何もしなければその〝連帯保証人〟としての借金返済の責任は相続人である湯澤氏が、当然に負うことになるが、その借金を負わなくてもいい方法がある。

「相続放棄」という方法だ。

お父さんが亡くなられた時から三カ月、或いは資産より負債の方が多いことが判明した時から三カ月以内に家庭裁判所にて「相続放棄の申請」をすれば、借金を負わなくて済むのである。

▼大事な人を助ける為に泥船に一緒に乗ってはいけない

この時、湯澤さんは年老いたお母さんと会社の従業員らを救いたいという〝正義感〟があった。だったら、なおさらのこと、最愛の人を助ける為には、湯澤氏自身が〝泥船に乗らない〟ように、まずは、〝相続放棄〟をしておくべきであった。川で溺れる人を助ける時は、時間と余裕があるならば、できるならば川に入らずに陸の上から救命ロープか浮き輪を投げ入れて、救助を試みるべきだからだ。それでもダメな場合に、川に入って救助することになる。

湯澤氏としては、〝相続放棄〟をして、まずは、自分の身が安全であることを確かめてから大切な母親と従業員の救助に入っても遅すぎることはないどころか、その方が確実に救助できることになるのだ。

▼老いた母親と従業員らの救助方法――破産手続と会社分割

では、母親と従業員らの救済をどうするか？

亡きお父さんの会社の従業員らの救済をするためには、まずは、お父さんの持っている会社の「株式」を、一旦はお母さんに四〇億円の借金と共に〝相続〟させる。その上で会社の株式を備忘価格一円前後でお母さんから買い取り、会社のオーナーとなる。もちろん「株式買い取り価格の妥当性」と言う問題はあるが、資産より負債の方が多い〝債務超過〟の会社であり、利益も出ていない会社なので、〝非上場の会社の株式の価値〟としては、限りなく0円に近い価格と推定されるからだ。

その上で、湯澤さんは連帯保証人ではないものの大株主として会社の経営権を握り、会社再建に舵を取ればいいのである。

▼お母さんは破産手続による〝免責〟を利用

本件は、一〇〇%完済できたから、お母さんが連帯保証人の地位を相続したとしても問題はないが、一般的には四〇億円の負債を完済できることは極めて稀なので、〝抜本的な会社再建〟としては、通常は事実上の債権カットとして〝会社分割〟等の第二会社方式を取ることになるから、連帯保証人の地位を、相続したお母さんを借金から解放させてあげて、残りの人生を、緩やかに、そしてゆっくりと安心して生きさせるために「自己破産」して、そのうえで〝免責〟をさせてやるのだ。

▼破産手続の誤解

「破産」と聞くと、未だにアレルギー反応を示して、〝破産宣告〟は〝死刑宣告〟だ、それは不名誉なことだ、人生の絶望だと恐れ忌み嫌う人もいるが、新しく制定された「破産法」はその一条で「(中略)債務者について経済生活の再生の機会の確保を図ることを目的とする」換言すれば、〝人生の再出発をさせるため〟そして、人間としての再生を果たし、〝希望〟を見出す手続に変貌を遂げているのだ。勿論、〝破産宣告〟という死刑宣告を連想させる言葉も消え、「破産手続開始の決定」と変更されている。

▼従業員の救済——再建のプロに依頼し私的再建

不採算店舗の閉鎖

さて、連帯保証人でない湯澤さんとして、お母さんを破産の手続及び「免責手続」で連帯保証人の地位から避難させた上で、我々再建の専門家に依頼すべきであった。湯澤氏のやろうとしていることは、素人が雪山に登山に行くようなものだ。危険極まりない。雪山に登山する時には、専門のプロのガイドに道案内を依頼するだろう。会社の再建もそれと同じだ。専門のプロにガイドを依頼することが絶対条件だ。

▼再建の入口

再建の入口として、まずは金融機関への支払いを少し待ってもらい、〝資金繰りの安定化を図る〟ことから始める。出血を止め、体力を維持・回復させる意味で、我々専門家は、この処置を「バンドエイド」と呼んでいる。

▼会社の健康診断

出血が止まり、資金繰りが安定したら、その次の策として二〇店舗以上ある各店舗の〝実態調査〟（財務ＤＤや事業ＤＤ）をして本部経費割り付け前の各店舗の採算・不採算を調査する。まずは、〝会社自体の健康診断〟をして、〝不正〟をしていないか、どこが悪いか、どう治すのか〝治療方針〟を立てるのだ。不採算店舗（赤字店舗）については、その中でも黒字化の見込みがない店舗は〝閉鎖店舗〟とし、黒字店舗のみを残して収益力をアップさせることだ。赤字店舗を閉鎖し、黒字店舗のみを残すことは、本部経費もその分少なくなり、利益拡大に貢献して「損益分岐点」も低くなるから、一石二鳥となる。

▼返済は売上げでするものではない!!——利益至上主義への切換え

そう言うと、四〇億円の借金を返すには売り上げを増やさなければならないのに、店舗を閉めると売り上げは減少してしまい、到底四〇億円の借金を返せないと言う人がいる。大抵、こういう人は〝売り上げ至上主義〟病に侵されていて、未だに店舗を拡大し、赤字店舗でも閉鎖できず、まさに〝自転車操業〟に陥っていく。〝返済〟は売上げでするものと勘違いしている。換言すれば、「資金繰り」で返済を決めるため、まず真っ先に借入金の返済をし、その挙句、取引先支払いや、従業員の給与や租税公課の未払いが膨れ上がっていく会社が倒産していく典型的パターンだ。「返済」はあくまで〝営業利益〟の中からするのである。繰り返し言うが、売上げを、あえて減少させる〝勇気〟を持て。〝利益至上主義〟への精神的変革が必要なのだ。

▼民事再生法の返済期間一〇年の理念——過剰債務の事実上のカットによる会社再建

営業利益が一〇〇〇万円しかなければ、いかに約定返済が一〇〇〇〇万円であろうと、その一〇〇〇万円の中で返済するしかない。この点、「民事再生法」は、利払い前・税引前・償却前利益（ＥＢＩＴＤＡ）（Earnings（利益）Before（前）Interest（利息）Taxes（税金）Depreciation（減価償却費）Amortization（その他償却費））のキャッシュフローから設備投資資金を控除したフリーキャッシュフローの一〇年分を返済することで再生の力を付けさせようとしている（民事再生法一五五条三項）。

この〝民事再生法の理念〟は、〝過剰債務〟を切り捨てて、適正な返済能力の中での返済を一〇年前後の期間の中ですることこそが適正なる企業再生ということである。その返済に五〇年、一〇〇年かかるようでは企業が疲弊してしまうからである。健全な企業再建とは言えない。

〝この理念〟は、同じ再建手続の「私的再建」にも当然当てはまる。湯澤氏の会社も採算のとれる店舗のみに絞り、そこから生み出される利払い前・税引前・償却前利益（ＥＢＩＴＤＡ）で、一〇年前後の返済額とし、それを超える借金は〝事実上の債権カット〟をすべきであった。このような考え方を金融機関も決して否定はしない。金融機関としても〝過剰な支援〟はできないが、〝適正な経済合理性のある支援〟をしてでも会社は再建して欲しいのだ。

▼精神的に追い詰められることをしてはいけない

このような道筋をつけておけば、危うく電車に飛び込みそうになるような精神的に追い詰められることもなかったであろう。湯澤さんは、結果として命が助かったから家族を悲しませずに済んだが、湯澤氏が悩んだ一九九九年当時は、自殺者が年間三万人以上も出て、社会問題化していた時代であった。精神的に追い詰められた多くの経営者が、自ら命を絶ち、その家族は未だに悲しみの中に取り残されたままでいる。命が大事か、金が大事か、答えは言わずもがなだろう。だから、お金で精神的に追い詰められている多くの方に言う。〝お金で命まで失うな〟と。

一〇年程前にNHKの「プロフェッショナル仕事の流儀」に出演した時の〝私の言葉〟を、この「逆・転・人・生」の中でも、再びTVの前でお金に苦しめられている視聴者に言いたかった。湯澤さんも、「決して僕のような人生を他人に歩まれたくない」と本件TV出演を決意したそうだ。

▼最後まであきらめなければ何とかなる

NHKの番組収録後に湯澤さんとお話をさせていただく機会があり、湯澤さんからこう打ち明けられた。

「実は、一九九九年に父が亡くなり、四〇億円の借金を背負って途方に暮れていた時に、私的再建の第一人者である、村松先生の所に相談に行こうと思っていました。しかし、様々な事情で相談には伺えなかったものの、村松先生が書かれた『会社再建の実務Q&A』と言う本を読んでその中の「資金繰り表の書式（サンプル）」や、「事業計画書の書式（サンプル）」を参考にして銀行に持っていき、どうにか再生に結び付けられましたから感謝しています。今こうしてお会いできて感慨深いものがあります」

「そうでしたか。ただ、私も一九九九年当時は、その前年の一九九八年に娘が亡くなり、仕事ができる状態ではなかったから、折角相談に来られても力になれたかどうか……。その時は、ただでさえ、顧問先の依頼をこなすのに精一杯で、事件の新たな受任はできなかったと思います」

「でも、私の書いた『会社再建の実務Q＆A』の本が私に代わって湯澤さんの会社の救済のお役に立てたことはとてもうれしく思います。そして、それから約一八年ぶりに私と湯澤さんがこうしてお会いできたのは、まさに、たまたまの〝偶然〟ではなく何か運命的な縁を感じざるを得ません。私は本当の『出逢い』って本当にたまたまの偶然などではなく、出逢うべき人とは何かの見えない力で出逢わされる、まさに『必然』なのだと思っています。湯澤さんとの今日の一八年越しの出逢いも『必然』なのだと思いました」

「それにしても、湯澤さんの頑張りは凄いの一言ですね」

「私一人の力ではありません。家族や社員に助けられてきました。感謝でいっぱいです。それと、〝最後まであきらめなければ何とかなる〟ということを学びました」

湯澤氏は謙虚な人であった。

そんな会話で盛り上がり、湯澤さんが持参してきた二二年程前の一九九六年に出版した『会社再建の実務Q＆A』にサインを頼まれ、喜んでサインをしてお渡しした。

〝簡単に諦める者に勝利はない。勝者は決して諦めない〟

ナポレオン・ヒル

〝君の心の庭に忍耐を植えよ。その根は苦くともその実は甘い〟
ジェーン・オースティン[7]

第8 資金不足の時の乗り切り方

今、手元には一〇〇〇万円があり、今月の支払いが一〇〇〇万円（一〇〇万円×一〇社）あったとします。九〇〇万円足りません!! さあ、あなたならどうするか？

経営者の皆さんは、一〇〇万円しかなく、不足額が九〇〇万円、さあ困った?! と資金不足に頭を抱えて悩むことが一般的でしょう。しかし、我々再建弁護士は、「九〇〇万円の不足か、しめた!!」と思うのです。

▼法律上の根拠

次頁の「資金不足時の弁済方法」をご覧いただきたい。

具体的には、九〇〇万円の資金不足状態は、具体的ケースにもよりますが、法律的には、〝支払停止[8]〟〝支払不能[9]〟状態と評価でき、このような場合に一社にのみ一〇〇万円を支払い、残りの九社に支払わないということは、法的には〝詐害行為[10]〟として取消の対象となってしまうのです。一部の会社にだけ払って他の会社に払わないというのは、やってはい

○資金不足時の弁済方法

やってはいけない行為
（1000 万円の支払い）

100 万円 → 1

1	100 万円
2	0 円
3	0 円
4	0 円
5	0 円
6	0 円
7	0 円
8	0 円
9	0 円
10	0 円
計	100 万円

・民法 435 条 " **詐害行為** " の対象
・破産法上・民事法上の " **否認** " 対象

やっていい行為
（1000 万円の支払い）

100 万円 → 1〜10

1	10 万円
2	10 万円
3	10 万円
4	10 万円
5	10 万円
6	10 万円
7	10 万円
8	10 万円
9	10 万円
10	10 万円

・" **平等弁済** " の要請
・" 債権者心理 "「知らざるを憂う、多寡を憂えず、等しからざるを憂う」

なお、仮に 900 万円が金融機関への返済で商取引先への支払が 100 万円の場合『**私的整理手続**』では、商取引先は手続に巻き込まず、通常の支払を続ける手続ですから、商取引先への弁済を優先し金融負債に対しては弁済の一時猶予をお願いしています。

100 万円 → 商取引先

金融負債	900 万円（弁済一時停止）
商取引先	100 万円 通常支払
計	1000 万円

（100 万円）

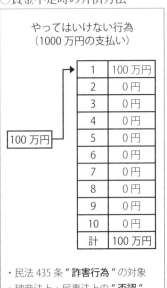

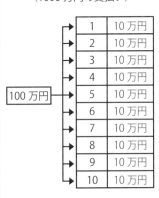

けない弁済なのです。

わかりやすく言うと、このような〝支払停止・支払不能〟状態の会社にいたっては民事再生や会社更生の〝不認可要件[11]〟や〝否認要件[12]〟からも明らかなように〝平等弁済〟が強く要求されるのです（偏頗弁済の禁止[13]）。この法律を知っている私ども再建弁護士は、一〇社各々に一律一〇％（一〇万円×一〇）を支払い、「あとの九〇万円は後で払うから」と言って当月の資金繰りを乗り切るのです。法が要求する債権残高を基準にした〝平等弁済（プロラタ弁済）〟に対し、債権者は納得せざるを得ないのです。それでも金額払えという債権者には「万一その支払いで会社が破産になった場合は破産管財人から〝否認の訴訟〟を提起されますよ」と警告することになり、それ以上強くは言ってこないものです。

▼債権者の心理

むしろ、〝債権者の心理〟は、「知らざるを憂う、多寡を憂えず、等しからざるを憂う」なのです。

だから、我々再建弁護士は、一〇〇〇万円の支払いに対し、一〇〇万円しかないのかと考えるのではなく、一〇〇万円もあるじゃないか、むしろ、法的に違反しないためには、〝平等弁済〟として一社一〇万円ずつ支払えば足ると債権者を〝説得〟するのです。この点債権者は返済原資が一〇〇万円しかない以上、〝金額の多寡〟にはやむを得ないものとして割り切っています。むしろ、他社と比較して〝平等かどうか〟にこだわっているのです。

▼私的整理の特徴（「資金不足時の弁済方法」の表の下段）

仮に、一〇社のうち、仮に九社が〝金融機関の返済〟であったとすれば、〝私的整理手続〟では、商取引業者を巻き込まない手続であり、金融機関団とだけ協議して事業再生を図る手続であることから、金融機関に対しては元金の返済の一時停止（場合によっては金利の返済の一時停止も）をお願いするのが常であり、〝商取引先〟に対しては、一〇〇万円を約定通りに弁済することになります。

第9　嘘をついてまで資金調達をしてはいけない

経営者が約束の返済に窮したり、金融機関に融資を申し込みに行って断られたらあなたならどうするか？

経営者は資金が不足するとその不足資金を新たな借入金で補おうとする性質があるがそれは誤りだ。ましてや頼みの綱である金融機関から融資を断られたら会社経営できないと不安に脅えている経営者のなんと多いことか。

旅行代理店の「てるみくらぶ」や晴れ着レンタル・販売の「はれのひ」の社長らが〝詐欺罪[14]〟で逮捕された事件を記憶している方々が多いと思う。資金繰りが苦しいとか事業をもっと拡大したいとか、全て〝カネ〟に絡むことである。新たな資金（カネ）が欲しいばかりに〝架空の売上〟を上げて売上を過大に見せて、あるいは実際にかかった費用をなかったかのように装って銀行から資金調達したことが「刑法の詐欺罪」に該当するのだ。もちろん実際に売上があったが計上時期の考え方の差や実際に商品が存在するもののその評価が実際に下落しているといった現実に存在しているものの〝評価〟についての考え方、見解の相違の類では詐欺罪を適用するほどの〝帰責性〟は軽微であろうが、〝架空〟即ち現実に存在すらしない売掛金や商品在庫と実際にかかった経費を無いものとするといったことを鉛筆なめなめで作り出すようでは〝悪質性〟が重大で弁解の余地がないであろう。〝アウト〟だ。

▼ピンチをチャンスに変えろ

〝智将は務めて敵に食む〟（優秀な将軍は食料を敵地で調達するように努力する。そのほうが自国の財政負担を軽減できるからである）

孫子

むしろ、金融機関の約定返済が困難になったり、融資の申込みが断られたらそれは「会社を立て直すことを気付かせてくれている」と思わなければならない。〝ピンチ〟と思わずむしろ〝チャンス〟と思えばいい。正々堂々と「資金繰りが苦しいので、約定通りの返済は難しいからしばらく返済を停止したい」と言えばいいだけである。約定返済ができないから処罰するなどというそんな法律はない。破産をすることは〝権利〟であって〝義務〟ではないのだ。会社の資金繰りが苦しい旨の申し出があれば、銀行も無下にはできないし、強い要求はしてこないものだからだ。

支払いを強要して無理に支払わせてそれが原因で会社が〝破産〟でもされたら破産管財人から〝否認の訴え〟を提起されるおそれもあるからだ。その旨を金融機関に説明すればよい。

▼お金を借りるのでなく時間を借りるのだ

金融機関には〝お金〟を借りるのではなく〝時間〟を借りるのだ。お金を手許に残すという意味では、お金を返さないで使えるお金を手許に残すことはある意味お金を新たに借りたのと同じことなのだ（発想を転換せよ!!）。〝正直〟に会社の内情を告白し、お金を返さないで結果としてお金を手許に残すことのほうが〝嘘〟までついて積極的に新たなお金を調達する（騙し取る＝詐欺）ことよりよっぽど良いことであることは明白であろう。刑事事件の詐欺罪になるような粉飾決算をしてまでお金を欲するのはまさに〝お金の奴隷〟に成り下がっているのだ。

〝人は黄金の奴隷になってはいけない。我が社の資本は金ではなく人間だ。金は資本の一部だ。一番大切なのは人だ。人が第一であって人が事業を作り事業がカネを作る。カネは人についてくる〟

出光佐三

第10 経営理念をもて!!

▼貴方の会社の経営理念は何ですか?

私は経営危機に陥って相談に来られる経営者の方々にあなたの会社の〝経営理念〟は何ですか？　と尋ねる時がある。

すると答えられない社長さんたちが大半だ。

大企業だけがクレド、フィロソフィーと呼ばれる「経営理念」を掲げていいものではない。

たった一人の従業員の小さな小さな会社でも物を作り、販売し、請負う等、世に仕事である以上、

〝奉仕〟している以上、物（会社の商品）、人（従業員）、お金（金融）で成り立つ会社である以上、

物＝エンドユーザーにその商品を手に入れる〝喜び〟を与えるためにも、

人＝従業員とそのご家族に会社で働く〝喜び〟を与えるためにも、

金＝融資をする金融機関に融資の〝喜び〟を与えるためにも、

即ちすべての利害関係人が同じ方向を向いて共通の〝喜び〟を与えるためにも、創業者が会

社を興そうとしたのは「何のため、誰のためなのか」を明確にし、会社が永続し、終生に受け継がれるためにも〝経営理念〟を今からでも遅くない、作られたらいい。

▼経営危機時における経営理念の効果

それはいざ会社が危機状態に陥った時、この〝経営理念〟が全社員共有していれば社員のモチベーションは誇り高く皆が一丸となって金でなく〝名誉〟と〝誇り〟をもってこの難局を乗り越えようとするものである。逆に経営理念が明確でなければ、社員一人一人に浸透していなければ、経営危機に陥った会社の社員は、金の切れ目が縁の切れ目のごとく一人一人去っていき、会社はますます傾いていくことを私は何回も経験している。

例えばヤマト運輸の経営理念に〝ヤマトは我なり〟というものがある。

宅急便の代名詞ともいえるヤマトグループは社員インフラを通じて豊かな社会の実現の貢献を目指している。二〇一一年三月一一日の東日本大震災の時、被災地への道路が切断される中、各支店の独自の判断で不安に苦しむ被災地への〝命〟を繋ぐための物資の運搬を通じて救済に当たったという事例は有名な話であろう。

これは創業者の経営理念が全社員の心に投影され社員が一体として社員個人のためでなく会社のためというよりも〝社会〟のため（他利）に行動しうるからである。社員がたった一人の小さな会社でも経営者は常に〝誇り〟を持ち世の中のために尽くせる仕事をしていれば社員やユーザーは必ずついてくるものだ。だから確固たる経営理念を有する経営者は〝人徳〃を磨き〃決断力〃ある〃強き指導者〃になれ!!

〃一頭の羊に率いられた百頭の狼の群れは、一頭の狼に率いられた百頭の羊の群れに敗れる〃
ナポレオン・ボナパルト[15]

〃リーダーとは「希望を配る人」のことだ〃
ナポレオン・ボナパルト

〃企業経営のエッセンスは「決断」することである〃
ピーター・ドラッカー

〃成果とは常に成功することではない。そこには、間違いや失敗を許す余地がなければならない〃
ピーター・ドラッカー

〃私は才能をバックアップする〃
スティーブ・ジョブズ

第11 会社再建の要は〝早期発見・早期治療〟につきる

債権カットによる抜本再生案件でも保証人の自宅に担保が付いていなければ自宅等の〝インセンティブ資産〟を残せる方法もある。

▼経営者保証に関するガイドラインが生まれた背景

二〇一三年一二月中小事業者の抜本的再生スキームとして「経営者保証に関するガイドライン」（以下、「GL」[16]という）が公表され、二〇一四年一二月には「GLに基づく保証債務の整理のための特定調停手続」[17]の運用が開始された。

▼連帯保証人の問題点

中小零細企業の経営者は金融機関からの借入れに際して自身が「連帯保証人」となっていることが一般的である。

「連帯保証人」ということは自身の資産の全てをもって当該借金の不足分を補うということを意味する。換言すれば会社が倒産すると借入金の不足分を経営者の自宅を処分したり、現預金その他資産をもって弁済しなければならないということだ。この点が〝不安で夜も眠れない〟と聞く。その〝不安〟のため経営者は会社が経営危機になっても金融機関にその危機を知らせることなくギリギリまで頑張って踏ん張り、かえってますます会社の容体は悪化し、遂には会社はにっちもさっちもいかなくなり「破産」になってしまう例が多い。最悪の場合は〝自死〟につながる。経営者の個人保証が事業再生や廃業を決断する〝足枷〟となっているのだ。この点〝早期に決断〟できれば経営者にとっては「再チャレンジの可能性」もあり金融機関にとっても「債権回収の極大化」に資することができる。

経営が行き詰り会社の破産が増加することは日本経済にとっても〝重要な資産の喪失〟となってしまいそのダメージは大きい。

この点「ドイツ」では会社をいたずらに延命させず、早期に法的手続の中で解決させようと債務超過に陥った企業には破産申立てを〝罰則〟をもって法的に義務付けたが〝罰則〟があるにもかかわらず申立ては遅々として進まず、その効果は芳しくなかった（二一七頁参照）。

そこで「日本」では〝罰則〟でなく〝ご褒美〟（インセンティブ）をあげることにした。これが「ＧＬ」である（イソップ物語の北風と太陽）。

具体的には、会社が経営危機に陥った場合早期に手を挙げ会社の危機を〝正直に告白〟し早期に経営再建等のいわゆる倒産手続を実施した場合は連帯保証人の「華美でない自宅」[18]と「生活資金として現金四〇〇万円前後」（三三万円×一二カ月前後）を残し、（それ以上の資産がある場合はその資産を換価して連帯保証の弁済に充当するが）連帯保証人の地位から解放してあげるという〝インセンティブ〟を与えることで不安であった自宅と一定の資産を残せるようにして〝早期の事業再生や廃業の着手を促した〟。

これが「経営者保証に関するガイドライン」（ＧＬ）の〝背景〟であり、経営者個人の人生再生のために広く活用されている。

▼破産手続との比較

この「経営者保証ＧＬ」が成立するまでの経営者の連帯保証人の解決は破産手続による免責手続で手許に九九万円の「自由財産」[19]は残してあげるが〝自宅〟その他の資産は換価して返済に充てねばならなかった。経営者がなかなか再建に踏み出せない理由であった。

▼ＧＬの活用

「経営者保証ＧＬ」は会社と保証人の双方が特定調停等の倒産手続を一緒に行う「一体型」と会社は破産し連帯保証人の個人のみが特定調停等でＧＬを利用する「単独型」の二種類がある。

なお、注意すべきは、ＧＬに基づく保証整理を行う場合には「当該整理にとって適切な準則型私的整理手続」（ＧＬ七（二）ロ）を行わなければならないとし、裁判所等での破産、民事再生、特定調停手続あるいは公的機関である中小企業再生支援協議会等の〝透明性〟を有する手続で〝公平性〟を担保に行われるものであり、この〝透明性〟〝公平性〟の担保のない「純粋私的再建手続」では「経営者保証ＧＬ」（ＧＬ七（二）ロ）は使えない。

▼GLのメリット

破産と異なり〝華美でない自宅〟並びに〝四〇〇万円前後の生活資金が残せること〟〝信用情報への登録がされない〟〝手続費用が低廉〟という〝メリット〟がある。

▼GLのデメリット

〝対象債権者（金融機関）の全員の同意〟（特定調停手続では一部の不同意があっても〝一七条決定[20]〟により調停成立の効果が得られる場合がある）が必要であるところ〝保証人の残存資産〟に絡み「弁済計画の説明」が必要であり、〝債権カット額〟についての〝譲歩〟が進まず手続が進まないこともたくさんある。金融機関にはGLが生まれた背景と地域経済の活性化につながることを重視してもたもたせず積極的にGLの活用に賛成してもらえないだろうか。

また、〝自宅〟にそもそも〝抵当権、根抵当権等の担保〟が設定されている場合は、担保権の実行が優先し、担保権者との交渉如何では自宅が残せないこともある。

▼「破産手続」[21]も〝究極の再生手続〟の一つである

もっとも保証人たる経営者に自宅もなく個人資産も破産法の「自由財産」たる九九万円以下であれば「連帯保証債務の解消」は連帯保証債権者全員の同意が不要な「破産手続・免責手続の免責決定」のほうが手続は簡便であろう。

〝財産〟への執着を捨てれば借金の重石から解放され、〝精神的苦痛〟という心の重石からも解放され、〝生きる活力〟が生まれ、再び会社を興せば〝真っ白なスタートライン〟に立てるからだ。

熊のプーさんが蜜壺《みつつぼ》をもって蜂に追いかけられた時、その蜜壺を川に投げ込んだら蜂はどこかに飛び去っていった。

これを私は〝究極の再生手続〟と呼んでいる。

第12 「命の水」について

▼三分利益

近江商人の初代伊藤忠兵衛氏[22]は「三分利益」[23]を唱えていた。商を営むことによって得た〝利益〟を創業家が独り占めするのではなく、「主人」と「奉公人」(伊藤忠兵衛氏は奉公人を主従の関係というよりも〝慈悲心〟をもって〝家族、共同経営者〟と位置付けていた)で分配し、更に「将来の不足のための備え」として各々三分の一ずつ分け、活用するという商売姿勢が会社の「継続繁栄」の要諦であるとしている。

▼命の水

ここで私が経営者に言っておきたいことは、この「三分利益」の思想の中の「将来の不足のための備え」の中に、将来の不測＝経営危機の時の必要経費、換言すれば、いざという時に頼める弁護士費用や裁判費用（予納金[24]）等の〝再建費用〟は少なくとも三〇〇万円～五〇〇万円前後かかるものとして本来の運転資金とは〝別〟にタンスの中にでも〝常備〟しておくべきである。なぜなら先が見えない中、やみくもに追い込み、いたずらに会社を継続し、会社の運転資金を使い切って会社にお金が無くなってしまうと〝会社の再建〟すらできなくなるという現実があるからである。極端なことを言えば、会社を破産させるにもお金がかかるという事実である。広大な砂漠の中で、再建のオアシスに辿り着くための〝飲み水〟ぐらいは残しておかなければならない。まさに「命の水」である。

▼賢者の選択

〝賢者は見つけるチャンスよりも多くのチャンスを創り出す〟

フランシス・ベーコン[25]

そして、会社が経営危機に陥り、運転資金が減少し、いよいよこの「命の水」たる数百万円のお金にも手を付けざるを得なかった時点で経営者に考えてほしい。この「命の水」を苦し紛れの運転資金に使い切ってしまえば、穴の開いたバケツに水を注ぐようなもので、もう後には何も残らない。しかし、この「命の水」とも言える再生資金を専門の弁護士に預ければ再び会社は蘇り、息を吹き返し、事業継続できるかもしれない。

どちらを〝選択〟するも経営者の自由であるが、これまでの会社に尽くしてきてくれた家族同様の従業員達、会社が作り出した商品で人生の〝思い出〟を刻み込んだ消費者達のためにも、再生専門弁護士としては、経営者には是非「賢者の選択」をしてもらいたいと願う次第である。

会社の経営も人間の病気と一緒で「早期発見・早期治療」に尽きるのである。

〝速度を上げるばかりが人生ではない〟

マハトマ・ガンジー

1▽古代ギリシャの政治家、弁論家
2▽日本の歌手。『ナビゲーター』(JASRAC出一八一一五八一一八〇一)
3▽戦国時代の越後国の大名。『上杉謙信』吉川英治著(角川書店)
4▽財団債権とは、破産手続によらないで破産財団から〝随時弁済〟を受けることができる債権のこと(破産法二条七項)。財団債権を有する債権者を財団債権者という(破産法二条八項)。また、財団債権者に対する弁済は他の破産債権者(いわゆる一般債権者)に対する配当に優先して行われる。具体的には破産法五章(一四八条以下)である。
例えば、
・破産管財人に対する報酬
・破産手続開始前に生じていた〝租税〟のうち法定の一定限度のもの
・破産者の従業員の〝給与〟等のうち破産手続開始前三カ月分のもの(破産法一四九条一項)
・破産者の従業員が破産手続終了前に退職した場合の〝退職金〟のうち退職前三カ月分の給与に相当する分(破産法一四九条二項)
なお、『民事再生手続』では「労働者の賃金請求権」や「国税、地方税、社会保険料等の租税公課」は〝一般優先債権〟として破産法上の財団債権、民事再生法上の共益債権と同様再生計画による権利変更を受けることなく、再生手続によらずして本来の弁済期に〝随時弁済〟を受けることができる(民事再生法一二二条一項・二項)。

5▽19世紀イギリスの自然科学者。『種の起源』ダーウィン著／八杉龍一訳（岩波文庫）
6▽アメリカ合衆国第一六代大統領。『エイブラハム・リンカン』アンナ・スプロウル著／茅野美ど里訳（偕成社）
7▽イギリスの作家
8▽「債務者が資力欠乏のため債務の支払をすることができないと考えてその旨を明示的又は黙示的に外部に表示する行為」（最一小判昭和六〇年二月一四日判時一一四九号一五九頁）
9▽破産法二条一一号
10▽民法四二四条一項
11▽民事再生法一七四条二項、会社更生法一九九条四項
12▽民事再生法一二七条乃至一二七条の三、会社更生法八六条乃至八六条の三
13▽破産法一六二条一項、民事再生法一二七条の三第一項、会社更生法八六条の三第一項
14▽倒産に絡む「詐欺事件」は枚挙にいとまがない。倒産企業の未払い賃金を肩代わりする国の立替払い制度を悪用して約八三〇万円を騙し取ったとして東京都の男性九人が神奈川県警に逮捕された事件（二〇一二年五月二四日朝日新聞）。また、中小企業への国の雇用助成金制度を悪用し、労働局から約五〇〇〇万円を騙し取ったなどに問われた情報処理会社社長に対し東京地裁は懲役四年（求刑懲役六年）の判決を言い渡した（二〇一三年六月二六日朝日新聞）など。
15▽一八～一九世紀のフランスの軍人。『皇帝ナポレオン（上）（下）』藤本ひとみ著（角川書店）

16▽「GL」は金融機関が〝自主的に遵守〟することが求められる準則。

17▽特定調停スキームは、債権者側は〝損金〟にできるが、債務者側では〝資産の評価損〟がとれない。但し「特定調停スキーム」ではいわゆる〝期限切れ欠損金〟は使えるのでその部分で〝債務免除益〟を〝相殺〟しきれれば問題ないがそれでも相殺しきれない債務免除益がある場合は「第二会社方式＋破産」で対抗するしかない。

18▽「華美でない自宅」（インセンティブ資産）の価額については〝早期処分価格〟である。破産事件の場合は現状有姿・瑕疵担保免除、売り残り回避という時間的制約から時価の六～七割程度となる。

19▽破産者の有する財産のうち「破産財団」に属しないもので破産者が自由に管理・処分できる財産を「自由財産」という。「民事執行法一三一条三号に規定する額に二分の三を乗じた額の金銭（破産法三四条三項一号）」（民事執行法一三一条三号では標準的な世帯の二カ月間の必要生活費を勘案して「政令」（民事執行法施行令一）で定める額（六六万円）を差押禁止としており、この一・五倍の九九万円が「自由財産」となる。なお、この規定は〝手許現金〟のみであり、〝預貯金〟を自由財産とするには破産法三四条三項四号の「自由財産拡張の手続」を要することになる）。

20▽中小企業再生支援協議会でなく「特定調停手続」活用の〝メリット〟は、特定調停も全員一致が原則であるが、〝民事調停法一七条の決定〟（簡易裁判所が調停に代わる〝決定〟を行い、決定告知後二週間以内に当事者から異議が出なかった場合には、〝調停成立〟と同じ効力が生じる）が活用できる点にある。特に債務免除には積極的に同意できないが裁判所の決定があればそれに従うという〝消極的賛成の姿勢の債権者〟

には都合の良い手続である（他に少額ゆえ遠方であり交通コストがかかり欠席する等債権カットに積極的反対でない債権者などにも有益であろう）。

21▽破産法一条には「この法律は、（中略）債務者について経済生活の再生の機会の確保を図ることを目的とする」と規定されている。

22▽伊藤忠商事の創業者。近江商人の「三方よし」は、初代伊藤忠兵衛氏が近江商人の先達の商いの姿勢を表した「商売は菩薩の業、商売道の尊さは売り買いいずれをも益し、世の不足をうずめ、御仏の心にかなうもの」という言葉（仏教的な慈悲心）から生まれたと言い伝えられている。

23▽近江商人の流れをくむ伊藤忠商事は企業理念として「豊かさを担う責任」、コーポレートメッセージとして「一人の商人、無数の使命」（企業理念をわかりやすく示した言葉）を表明している。

24▽ちなみに「民事再生」については、東京地裁では法人の場合の予納金の額として、負債総額が五千万円未満＝二〇〇万円、五千万円〜一億円未満＝三〇〇万円、一億円〜五億円未満＝四〇〇万円、五億円〜一〇億円＝五〇〇万円を一応の基準としている。

25▽一六〜一七世紀のイギリスの哲学者。『随筆集』ベーコン著（中央公論新社）

第６章

私の絶体絶命と最後まであきらめない心・くじけない心

第1 裁判官の正義とは

ある裁判官の誤った判断で二八〇名の従業員とそのご家族の生活が脅かされそうになった事件

体験記5

［背景］
支配権を持つ株主一族と支配権を持たない雇われ社長間の紛争
雇われ社長からの相談
既にほかの弁護士が関与していたが破綻企業の事業の継続（再建）の相談は断られていた。
社長は一人ぼっちであった（〝**自殺**〟も考えていた旨打ち明けられる）。

〝助けなければ男が廃る〟
清水次郎長

〝義を見てせざるは勇なきなり〟（人としてなすべきことを知りながらそれを行わないのは勇気が

ないからだ)
孔子

▼手続の流れ

私的整理→民事再生→牽連破産手続(破産手続の中での〝事業譲渡〟で二八〇名の従業員を救済)

[事案]
▼窮境に至る特殊事情
株主一族との紛争に巻き込まれ、和解により社長個人が株主の株を高額で買わされた旨の報告を受ける。

その際、会社も「連帯保証」を負わされ、且つ公正証書等の「債務名義」を取られている。

会社自体も事業の受注競争が激しく、競合他社との相見積もり合戦や契約更新時での受注継続のための〝自主値下げ〟対応等で会社の売上自体が減少し、このままでは、多額の金融負債に加え、〝簿外〟での多額の「株式買取代金連帯保証債務」の約定返済が困難。数カ月後には〝資金ショート〟必至の状態。

▼当事務所の方針

社長の報告からは、株主から株を買わされた経緯も複雑で、売買契約の適正性や会社の連帯保証債務の有効性について疑問があった。銀行返済に加えて株式売買代金の支払いを〝約定通り〟続けたら会社は〝資金ショート〟で倒産のおそれがあった。そこで、〝再建手続の選択〟としては大手取引先からの「契約解除」のリスクを危惧して信用不安惹起のない「私的再建」を選択した。

⬅

（私的再建開始）

銀行団を集めてのバンクミーティングで事情を説明

⬅

相手方の株主に対しては、「債務不存在確認」の訴訟を提起するとともに〝支払猶予〟を求めるも株主側代理人弁護士から「債務名義」を盾に「約定通り支払わねば売掛金、動産等会社の全ての資産に強制執行をかける」と「内容証明」にて〝通告〟される。

「そんなことをされたら会社の資金が続かず〝破産〟となってしまう。二八〇名の従業員の生活を守るためには民事再生手続で再生を目指すしかない」旨説明し、連帯保証債務の見直しの〝説得〟をする。

「二八〇名の従業員の生活を守るためにも強制執行を止めて欲しい」と話合いをするが、「休み明けの月曜日には公証人役場に出向き、強制執行の手続を開始」するとの強硬姿勢を崩さない。ここに至っては、民事再生手続で会社を救済するしかない。

1 第一幕（民事再生手続開始申立て）

二〇一二年六月一八日

「私的整理」をあきらめ、「民事再生手続開始申立て」（平成二四年（再）第七一号）（民事二〇部）へ↓申立日に保全命令・包括的禁止命令

⬅

同年六月二一日

民事二〇部は民事再生手続「開始決定」を発令。しかし相手方は高裁へ異議申立ての「即時抗告」

[即時抗告の内容]

「連帯保証を免れるための無償行為否認をするためだけの申立てゆえ民事再生法二五条四号[1]の「不当目的」に該当するとして開始決定」の棄却を求める。

⬅

「民事二〇部」は「再度の考案」[2]の規定により、高裁へ民事再生申立ては「適正であり、濫用性なし」との意見書を提出。

※民事再生法ができてから破産・再生の専門部たる二〇部の判断が翻ったことは一件もなかった。

"油断"

"民事二〇部の意見書(再度の考案)でも「即時抗告には理由がない」との意見書"が提出されている→"民事二〇部の判断が撤回されたことはこれまでに一度もない"私は"大船に乗ったつもりでいた"。

"和議の経験"の豊富さから"和議の弊害"を知り、その弊害是正のために、早期に申立てできるように要件を緩和して入口を広くし、門戸を開けた民事再生法の"立法経緯"を知り尽くしていたからこそ"自分自身は誤ったことは微塵もしていない"との"確信"があった。

"立案担当者の考え方"としては「二五条四号の要件」が抽象的(バスケット条項)であるということは、第一審でも容易に判断できる点に限り濫用性が明白な中立てに棄却を"限定"するという趣旨であった。

私自身、民事再生も多数経験しているし、そもそも"職業裁判官が判断を誤るわけがない"との思いがあった。

"結果の重大性の観点"→"二八〇名の従業員が路頭に迷うような結果を迎えるわけが

ない

〝青天の霹靂〟

2　高裁決定

同年九月七日

しかし、高裁の決定は、〝民事再生申立権の濫用〟として開始決定棄却（無償行為否認だけを目的とした申立てと認定し民事再生法二五条四号該当）

（理由）強制執行を止める手段としては民事再生を申し立てる前に実体法上の強制執行停止の仮処分等の手段があった等。

3　高裁決定に対する批判

耳目を集めたこの「東京高裁平成二四年九月七日決定」[3]に対しては山本和彦教授[4]のみならず増市徹弁護士[5]は「否認制度は再生手続の中核をなす制度の一つであるだけにそれのみを目的とすることが直ちに不当とはいえないのではないか」、伊藤尚弁護士[6]は「無償行為否認のみを求めて民事再生手続遂行の意思のない申立てなど現実社会ではありえないのではないか」など再建に詳しい弁護士らからこの〝高裁決定〟については疑問の声が多数あがっていた。

4　抗告許可申立て

二〇一二年九月一一日

とうてい納得できない当職らは上告審たる最高裁に判断を仰ぐべく「抗告許可申立て」

（平成二四年（ラ許）三五六号）

むしろ、〝民事再生法二五条四号の解釈〟を明示した最高裁判所の判例は見当たらず、最高裁の判断が待たれるところであったので、最適かと思った。再生のプロフェッショナルである私は当然に〝許可〟されると思った。

〝絶体絶命〟

二〇一二年一〇月一一日

しかし、「不許可」

（理由）「本件抗告許可の申立ての理由には上記決定について民事訴訟法三三七条二項所定の事項を含むものとは認められない」とたったの一行である。

なお、不許可の決定は民事再生申立権の濫用と判断した〝その高裁の裁判官本人〟であったことにびっくりした。

〝不許可決定確定〟最高裁に届かず〝万事休す〟
〝心がくじけそうになった〟
〝再建の神様は我を見捨てたのかと思った〟
〝しかし〝あきらめない心〟

5　抗告許可申立ての弊害について（民事訴訟法三三七条）

ここで抗告許可申立てが不許可となったその判断の〝不当性〟について説明してみたい。

（理由その1）

なぜなら、「抗告許可に対する許可すべきか否か」の〝判断〟とは原裁判所の法令解釈が正しいか否かという「適否」ではなく、原裁判所が法令解釈上の重要な問題を「含む」かどうかである[7]。

（理由その2）

この点、日本の倒産法研究の第一人者でもある山本和彦教授は、「本件で問題とされる論点は、『否認のみを目的とした申立てが法二五条四号に該当するかどうか』という純粋に法令解釈に関するものであるから、法令の解釈に重大な影響を与えるものであり（民事訴訟法三三七条二項後段）、最高裁での判断が必要と解され、抗告は許可されるべきであった」旨論じている。

（理由その3）

さらに山本教授は「最高裁判所の判断が必要とされる理由」については「その判断の対象は、単なる手続過程の争いではなく、債務者に対して再生手続の利用を認めるかどうかにかかわるもの（手続の入口段階の問題）であり、仮にこのような法解釈が一般化すれば、再生手続の利用に大きな『萎縮的効果』を生じ、結果として現下の重要課題である日本における中小企業の事業再生のあり方にも影響しかねない判断であった。そのような観点からすれば、この点について最高裁判所の判断が示される必要性は大きく、『法令の解釈に関する重要な事項を含む』（民事訴訟法三三七条二項）ものであり、抗告は許可すべきであったものと解される」と倒産法研究学者としての正論を述べ、「東京高裁の不許可決定」が不相当であることを論証している。[8]

（理由その4）

金融商事判例の評論者においてさえ、「本決定の判示する法律問題の重要度に照らすと許可がされて当然であるように解されなくもない。この点の是非についても議論が予想されるところである」とコメントしている。[9]

しかし、現実は↓抗告許可申立ては、不許可で「確定」

▼相手方代理人からの民事再生取下げ要請

すると、相手方代理人から「抗告許可の不許可が確定したのだから民事再生申立てを取り下げなければ先生方に損害賠償を請求することになる」旨通告され民事再生申立ての「取下げ」を強く要求される。

〝良心に照らし少しもやましいところがなければ何を悩むことがあろうか。何を恐れることがあろうか〟

孔子

▼千載一遇

相手方のこの〝要求〟を〝脅威〟と捉える考え方もあろうが、おっとどっこい、私は相手方からの〝この要求〟を「濫用的民事再生」の〝汚名返上〟のための神様がくれた〝千載一遇〟のチャンスと思った。

なぜなら、すでに〝確定〟してしまった民事再生申立ての〝不当性〟の判断をもう一度この損害賠償の裁判のなかで翻す絶好の機会を与えてくれたと考えたからだ。

孫子の兵法の勝ちパターンに〝背水の陣〟があるが、この訴訟はまさに〝背水の陣〟で臨んだ戦いであった。

⬅

そもそも高裁決定の方が「民事再生手続を理解しない誤った決定」であり、私の中では己の行為にいささかの誤りがないことを〝確信〟していたので相手方のこの要求をはねのけた。これまで信頼し、共に闘ってきていた専門部である民事二〇部の裁判官達の法解釈・運用に任せることにした。

⬅

6　民事二〇部の対応

二〇一四年九月一二日

そのため、民事二〇部は再生手続開始決定棄却による「牽連破産手続開始[10]」、保全管理命令、包括的強制執行禁止命令、破産管財人は相手方に対し、「否認訴訟」を提起。

⬅

〝最後まであきらめない!!〟

〝再建弁護士としての矜持〟

〝破産手続の中での事業譲渡〟

この〝牽連破産手続〟のままでは二八〇名の従業員は職を失い、そのご家族の生活（人生）は破綻してしまう。二八〇名の従業員らの生活を守るために何をすべきか!!

〝結果の重大性の観点〟から民事二〇部と協議の上、破産手続の中でのスポンサーに事業譲渡の方針で行くことを決める。

私はスポンサー探しに奔走し、スポンサーの〝説得〟に力を尽くす。すべては二八〇名の従業員とそのご家族の生活の平穏を守るため。

スポンサー現る!!

〝スポンサー選定の公正性〟を図るため相手方にも入札の機会を与えるべく〝競売入札方式〟の採用。しかし、相手方はスポンサー選定方式にも異論を唱える。管財人は入札実施↓〝スポンサー会社の社長の人徳・宥恕の精神〟に二八〇名の従業員とそのご家族は救われた。

しかし、これだけで終わる相手ではなかった。

7　第二幕の始まり（不法行為に基づく二億円強の損害賠償請求訴訟）

二〇一二年一一月

会社役員、代理人弁護士ら全員（一三名）に対し、〝不法行為に基づく二億円強の損害賠償請求の訴状〟が届く。その〝請求額の高額さ〟はまさに〝スラップ訴訟[11]〟ではないかと感じた。

8　熊本城にて

高裁の誤った決定で会社が破産となり、追い打ちをかけるように私宛に損害賠償の裁判を提起された時、正直心が折れそうになった。そんな時、熊本弁護士会から講演依頼があり、熊本に飛んだ。講演会場の脇に熊本城があった。熊本城の天守閣に登る途中に細川家ゆかりの宮本武蔵の経歴書があり、『独行道』を目にした。〝我事において後悔せず〟、〝仏神は貴し仏神はたのまず〟との一文を目にし、心を強くした。天守閣から空に向いて〝我に一点の曇りなし〟と声なき声で娘に伝えた。弁護士会での講演が終わり弁護士会長に熊本弁護士会の会員数を尋ねた。「二二二名（当時）です」二二二（二月二二日）は娘の生まれた日であった。亡き娘がお父さん頑張ってと言っている声を感じた。

9　友達作戦開始

⬅山本和彦教授に「意見書」作成依頼

⬅すると、相手方は著名な大学教授T氏及び元裁判官O氏の「意見書」を提出

⬅二〇一三年一一月六日

○第一審判決　原告らの請求を棄却する（平成二四年（ワ）第三二六八一号）[12]

（争点）

1　否認目的の民事再生申立ては不当目的なのか？

〔否認権の趣旨・目的〕

そもそも否認制度は民事再生法一条の目的を効果的に実現するために債権者平等を図る制度であって否認対象債権者については否認権を行使することは同法の趣旨・目的に合致する。

2　そもそも否認権は濫用できるものなのか？

〔否認権の行使の仕組み〕

否認目的を有するとは言え、否認権の行使は破産手続とは違い民事再生手続では債務者に付与されておらず、裁判所が選任した監督委員の専権事項（法五六条一項）ゆえ〝そもそも債務者が濫用しようとしても濫用できない仕組みになっている〟から民事再生手続の適法性の判断において否認権行使について濫用の恐れあることを考慮する必要はない。

3　そもそも強制執行を止める手段として民事再生を申し立てる前にまず実体法上の強制執行停止の措置をとらねばならないのか？

強制執行を止める手段としてもあえて一般民事等の仮処分を先行すべき理由もなく、民事再生手続の目的としても何ら問題ない。そもそも民事再生は請求異議訴訟を提起して執行停止の仮処分を続けなければ民事再生の申立てができないとか不当であるなどとする規定は存しない。

4　気骨の判断

「本件の民事再生申立ては〝適法〟であり、これと異なる〝東京高裁決定〟は妥当な判断とは言えない。」

山本教授も前述のとおり高裁での即時抗告を認めた〝東京高裁決定〟については「否認目的での民事再生が使えないとするとまさに民事再生手続制度の根幹を揺るがす極めて不相当な判断であった」と解説する。

⬅

10　相手方から控訴状が届く

○二〇一三年一一月一九日、相手方から「控訴状」が届く（平成二五年（ネ）第六九一一号損害賠償控訴事件）

二〇一三年一二月三一日、除夜の鐘を聞きながら徹夜で「反論書」を起案。

平成二六年四月二四日（判例集未登載）

「控訴審判決」（東京高等裁判所第一六民事部）

⬅

本件控訴をいずれも棄却する

［控訴審判決骨子］

相手方の控訴理由を〝一刀両断〟に否定

① 本件申立ては、相手方による強制執行を回避して、事業の継続を図ることを目的とするものであり、これをもって民事再生法の目的、趣旨に反した権利の濫用と解することは相当でない。

民事再生法は、経済的な窮境にある債務者について、その債権者の多数の同意を得、かつ、裁判所の認可を受けた再生計画を定めることなどにより、債権者との間の民事上の権利関係を適切に調整し、その事業又は経済生活の再生を図ることを目的とするものであり（一条）、その事業主体の清算ではなく、再建を目指すものである。そして、同法上の否認の制度は、再生手続における債権者間の平等を図るために認められた制度であり、上記の目的を達成するための手段、方法である。したがって、否認権の行使を目的とし、事業の再建という民事再生法の目的を伴わない再生手続開始の申立てなどというものはおよそ考え難いところである。

② 「したがって、本件申立ては、監督委員による否認権の行使を意図、想定して事業の再建を図ることを目的とするものと解するのが相当であるから、相手方らの上記主張は、その前提において〝失当〟であり、採用することはできない」。

③ 本件高裁判決は否認制度の目的、仕組みからも「そもそも〝否認だけを目的として民事再生法の目的を伴わない民事再生申立て〟などというものは現実社会においてはおよそ想定し得ない」と相手方の控訴理由を〝一刀両断〟に否定。

④ さらに〝相手方の民事再生申立て前の対応〟についても二審の高裁判決でも「再生手続の開始原因

は本件会社が意図的に招来したというよりもむしろ控訴人らの対応に起因、誘発されたものと解するのが相当である。したがって、本件会社が自ら意図的に倒産原因を作出したとの控訴人らの主張は不自然、不合理なものであり採用できない」として逆に相手方らの対応こそ非難に値するのではないかとの判断であった。

平成二六年五月一五日 ⬅

上告せず「確定」

11 本裁判の意義

地裁並びに高裁の各判断は実務の民事再生の実態を十分に認識したうえでこれに対し即時抗告の高裁での「民事再生手続の選択の決定権、手順」「否認制度の趣旨、仕組み」「強制執行の禁止」の各制度、機能に誤解を示した司法判断や特に醜いのは「許可抗告」を言下に否定した判断で、危うく〝民事再生制度の根幹を揺るがし崩壊を招きかねない事態〟を救う〝正義〟の判断であった。

偶然にも相手方が嵩にかかって弁護士への〝個人攻撃〟をしてくれたおかげで民事再生手続の正しい運用、〝正義〟が実現された。

再建弁護士ならば何としても救済を求める依頼者の手を離さない、守り通すという気概を貫いて欲しい。
なぜなら〝会社再建〟は全ての利害関係人の〝幸せ〟に結び付く〝正義〟なのだから。

12　申立権の濫用と不法行為

〝民事再生申立代理人〟個人に対する相手方からの〝違法性主張〟に対しても怯んではならない。なぜなら倒産事件申立てについても極めて限定的に解し、〝故意・重過失〟以外の〝軽過失〟では損害賠償の対象とされないと判断されるからだ（萎縮効果の排除）。

○山本教授の〝意見書〟からの抜粋

①　経済状態の悪化した債務者について適切な時期に法的倒産手続による処理を図ることは、倒産法抜本改正の際の日本法の中心的な課題の一つであつた。そして、今でもそのような課題はなお重要性を失っていない。例えば、近時の政府における産業競争力会議の議論では、債務者に対してそのような早期の手続開始を可能にする政策的措置として、手続開始申立義務を課すドイツ式の制度の導入が議論されていた[13]。その意味で、倒産手続の利用萎縮の排除は、日本経済全体にとっても現下の重要な政策課題であり、仮に誤った申立てであったとしても、それに対して過度の懲罰を科すことは、明らかに（早期申立てへのインセンティブ付与という）時代の潮流に逆行するものであろう。その意味で、やはり〝軽過失〟に止まる場合（特に論者によって当否の判断が分かれ得る場合）にまで申立人の損害賠償義務を認めること

には賛成し難い。

② 〝昭和六三年判決[14]〟など現在の判例は、周知のように、訴訟との関係では故意重過失による違法性基準を採用しているのであるから、〝この判決のロジック〟によれば、むしろ破産手続開始申立ての場合も同様に重過失基準による（つまり訴訟の場合と「其結果を異にすべき理なし」と考える）ことになるのが素直である。

③ 最後に、最も重要なポイントとして、〝実質的妥当性の問題〟がある。仮に裁判所の判断によって因果関係が切断されず、かつ、軽過失でも損害賠償の可能性があるとすると、再生手続が開始され、そのまま終結した場合であっても、申立人（再生債務者やその代表者。代理人等）は常に関係者からの不法行為に基づく損害賠償請求にさらされるおそれが残ることになる[15]。そして、再生手続開始によって何らかの損害を被った者は極めて多種類、多数に上ることは自明である。例えば、再生計画で権利が変更された債権者、否認の対象となった者、契約を解除された相手方、解雇された労働者等々である。これらの者が、すべての再生事件において、再生手続開始の要件を満たしていなかった（不当な目的の申立てであった）などと主張し、申立人に対して損害賠償請求をしてくるおそれがあることになり、前記のような議論を前提にすれば、その場合にはすべて本案審理に入らなければならないことになる。しかし、そのようなことを認めれば、倒産手続の利用を大きく阻害し、到底倒産制度は維持できなくなるのではなかろうか。

④ 結論

以上から、結論として、筆者は、裁判所の手続開始決定があった場合には手続開始後の損害の賠償は求めることができず、損害の賠償が認められる場合にもその要件として、申立人に故意・重過失があるなど当該申立てが民事再生制度の趣旨目的に照らし著しく相当性を欠くと認められるときに限られるという見解をなお維持することができると解するものである。

〝くじけない心〟
〝自分自身を信じる〟
〝天に誓い一点の曇りもない〟

▼裁判官の矜持を見た――〝民事再生手続の運用の崩壊の阻止〟

相手方が嵩にかかって当職らに損害賠償請求訴訟を提起したことによって、何もしなければ最高裁の判断を仰ぐべく申し立てた許可抗告が不当な決定を下した同じ裁判官に〝棄却〟され、その結果本申立てが〝民事再生申立権の濫用〟として〝確定〟するところを、新たに地裁に申し立てられた損害賠償請求の裁判官ら（第一審（金判一四二九号三二頁、第二審（判例集未登載）とも）が「濫用的なものといえず」「高裁決定は妥当な判断とはいえない」と〝正しい判断〟をしてくれたおかげで、そもそも本件は否認を目的としたものではないが、仮に否認を目的としたものでも強制執行阻止を目的とする民事再生申立てが〝適法〟であり〝濫用ではない〟ことが明確となった。良心と気骨のある裁判官達のこの判断が〝民事再生手続の運用の崩壊を阻止した〟といっても過言ではない。裁判官の矜持を見た。

ともあれ二〇一二年六月の民事再生申立てから高裁判決が確定した二〇一四年五月一五日

までの約二年、私にとって長い長い闘いが終わった。

〝万策尽きたと思うな。自ら断崖絶壁の淵に立ってその時はじめて新たな風が吹く〟

松下幸之助

第2 欺かれた会社更生事件

ある著名なゴルフ場の会社更生管財事件▶体験記6

▼手続の流れ

会社更生↓第一スポンサー↓第二スポンサー

[事案]
あるプロトーナメントの開催会場でもあったある著名なゴルフ場であったがバブル経済崩壊による売上不振↓金融機関への返済困難
整理回収機構（RCC）[16]が金融機関から債権を譲り受ける↓経営者と債権者RCCとの間の不信感
債権者（RCC）による東京地裁民事八部に会社更生手続開始申立て（RCC申立て第一号事案）（平成一四年（ミ）第三二号会社更生手続開始申立事件）

▼RCCによる強引な回収

この年の前年の二〇〇一年はRCCに「再生機能」を持たせるべきかの議論がなされていた。私はRCCに「再生機能」を持たせることには異論（反対）を述べていた。当時のRCCは弁護士出身の中坊公平氏が社長となり国家権力を盾に債権回収が〝正義〟であるとの御旗を掲げ一円たりとも見逃すな！　とかなり強固な〝回収行為〟を実施していた。回収相手が反社会的勢力であるならまだしも一般の普通の市民に対しても容赦ない〝回収行為〟をしていた。

ある製紙会社の再建をしていた時のことだ。工場が競売され、第三者の手にわたってしまうと、もはや会社には〝破産〟しかない。私は何度も何度も「工場」だけは担保権を実行しないで欲しいと頭を下げた。しかし超長期にわたる返済計画は履行確実性の点で応諾しかねると言って工場の〝競売〟を申し立て〝回収〟を強行した。その結果、従業員は職を失い、社長一家は離散した。血も涙もない〝回収〟の後には従業員やそのご家族、経営者一家の人生の〝絶望〟しか残らなかった。

この時の体験を二〇〇一年の第一五三回国会の参議院の財政金融委員会で参考人として「意見」を述べた。「回収」目線では「再建」は絶対にできない。なぜなら、「回収」と「再建」は「毒薬」と「薬」のようなもので〝真の再建〟は栄養を奪い取るような回収はあきらめ、むしろ栄養を与えるものでなければならないからである。債務者の意に反してでも強行しようとする債権回収の体質が染みついたＲＣＣの根本的な姿勢を変えなければ国家権力を有するだけに「再生機能」を付与する議論は慎重でなければならないとの意見を述べた。

この「議事録」を読んでいた民事八部の裁判長は「村松先生はＲＣＣに対して考えをお持ちのようですが、今回はＲＣＣとは仲良くやってください」

「もちろん今回の更生事件に個人的感情は持ち込みません」

「それを聞いて安心しました。更生管財人を引き受けてくれますね」

「もちろんです」

あえてＲＣＣの再生機能に異論を唱えていたこの私にＲＣＣの債権者申立て第一号案件の更生管財人をさせてその仲の修復を図らせるなど民事八部の裁判官の心配りには感謝したも

のである（後日談であるが私とＲＣＣの仲を取り持ってくれた気配りがあり私の人間性、弁護士としての哲学を教えてくれたこの裁判官がその一〇年後に前述の濫用的民事再生申立てでの相手方の「意見書」で私を追及し苦しめる側になるとはこの時夢にも思わなかった。〝縁〟とはつくづく不思議なものである）。

▼特色

債権者（ＲＣＣ）による「会社更生申立て」を使った〝経営者の排除〟。

この「会社更生申立て」という〝手法〟を使った時点でＲＣＣの強固な債権回収の一面が見て取れた。なぜかと言うと、そもそも「会社更生法」という手続は上場会社や日本航空のような大会社の再建を念頭に置いて作られた法律であり、極めて閉鎖的な中小企業たるゴルフ場の再建は本来ならば経営者続投を前提にした「和議」や「民事再生」という手続で行われるのが一般的であった。然るにＲＣＣは事業の「再建」というよりも会社更生手続の中の〝経営者排除〟の効果に着目し、ＲＣＣの要請を聞き入れない経営者を容赦なく更迭せんがため、そして、己の債権の回収を有利に進めんがための〝申立て〟であることが、再建のプロである私には容易に理解できたからである。「会社更生法」の〝本来の使い方〟ではない債権回収を有利に進めるための経営者排除ありき目線でのこのやり方自体にも私は疑問を投げかけざるを得なかった。

保全管理命令により当職が保全管理人に就任。

当初、突然の辞任を余儀なくさせられた経営者は当職らをRCC側の人間と思い込み、当職らに対する不信感からか財産調査に非協力的であった。しかし、その後の再三にわたる〝対話〟を通じて当職らが真にゴルフ場の再建を目指していることを説得し、RCCのような強固な債権回収には私は常々異論を唱えていたことを説明すると、次第に当職らに心を開いてくれた。

⬇

更生手続開始決定により当職が会社更生管財人に就任。

⬇

▼「スポンサー候補者の選定」

そのうちの一社が圧倒的高額な買収金額の提示。

しかし、これが本更生事件の躓きの始まり。

〝性善説〟

▼信用した理由

・RCCにスポンサー候補者の〝身辺調査〟をしてもらったが特段不審な点はないとの報告。

・外国の著名なM証券会社社長一族の莫大な〝個人資産〟を保有、管理・運用しているとの説明。
・会社の所在は丸の内の「銀行協会」が入っているビルの中にあった。
・数億円の預金の通帳（現物）と銀行印の押印された証明書を提示。
・公認会計士協会の理事を務める著名な公認会計士が相手方チームに関与していた。すっかり〝信用〟した（今から考えると胡散臭い人物たち）。

⬅

▼万事休す

ところが、「手付金」を入れる段階になってもお金を入れず、再三の督促の末、あれはなかったことにという顛末。その後、連絡すら取れなくなる（大手都市銀行の数億円の預金通帳も〝見せ金〟だったのでは？）。

⬅

債権者集会が間近に迫る。民事八部も困惑。更生計画案の履行が危ぶまれる。

⬅

▼ホワイトナイト現れる

債権者集会開催日の数日前ぎりぎりになって「ホワイトナイト」現れる。

⬅

第二のスポンサー候補者が現れるほどゴルフ場自体の魅力（ジャック・ニクラス設計、プロが選ぶゴルフ場ベスト一〇）が素晴らしかったことに、スポンサー候補者がM＆Aによるゴルフ場買収の目玉としての〝核〟となるゴルフ場を探していたことの〝偶然〟に救われた（ロッカー番号一のネームはジャック・ニクラス）。

⬅

なんとか無事に〝更生計画の認可決定〟にたどり着いた。

▼反省

「スポンサー選定」にあたって手付金を現実に入金させ〝手付金〟没収等の〝ペナルティー条項〟を付記すべし。

▼後日談

私が更生管財人就任中の二〇〇二年にプロのトーナメント試合が行われた。主催者側からその試合が〝第二〇回大会〟と聞いた時（二〇〇二年二〇回大会）、ピンチに陥ったお父さんを天国の娘が「ホワイトナイト」を連れてきて助けてくれたのだと感じた。

第3 金融マンの矜持を見た

体験記7 大手家電メーカーのプラスチック成形下請メーカーA社の再建の話

〝油断〟(会社からは租税公課の滞納処理についてはできているとの説明)

〝国税、社保(年金事務所)侮るべからず〟

▼手続の流れ

私的整理→国税による差押え→民事再生(自主再建型→スポンサー型)

[事案]

大手家電メーカーの売上減少に伴う出荷台数の減少・売上減少

大手家電メーカーに対する依存度を低くするため海外(フィリピン)に工場を建設して、アミューズメント関連事業(パチスロ)、有機栽培野菜のLEDランプ事業に活路を見出すも結局ダメ。結局本来の大手家電メーカーの下請工場として生き残りを探す。

▼当事務所の診断（私的再建方針）

大手家電メーカーの協力取り付けを得る。

年明けの一月金融機関五行のバンクミーティング＋リース会社八社のリース債権者ミーティングを各々開催する。

「残高維持」の要請↓協力を取り付ける（資金繰りの安定化）↓私的再建のスタートを切る。その後三カ月は順調だった。

⬅

▼国税による差押え

二〇一七年三月二九日　消費税滞納等「国税」による突然の差押え（三〇〇〇万円）、さらに年金事務所（社会保険）の滞納（三〇〇〇万円）による差押えの誘発の恐れが判明する。

大手家電メーカーからの売掛金につき「組合」と「金融機関」に質権設定されていたため資金繰りの目途立たず。↓破産か？（破産手続の準備を進める）

しかし、一八〇名の社員を路頭に迷わせるわけにはいかない。

〝最後まであきらめない心〟

〝人生に失敗した人の多くは、諦めたときに自分がどれほど成功に近づいていたか気づかなかった人たちだ〞
トーマス・エジソン[17]

同年三月三〇日

▼〝年金事務所並びに銀行及び組合と生死を分けた交渉〞

年金事務所と担保金融機関並び組合と直談判「担保権実行猶予のお願い書」↓当初は銀行も組合も頑なだったが深夜にわたる〝説得〞が功を奏した。

〝我も人なら彼も人なのである〞
本田宗一郎

▼まさかの国税差押え

三カ月が過ぎた。三月も終わりに近づいたとある日、三五〇〇万円余りに及ぶ消費税の滞納に対する国税の徴収として、A社の主要取引先に対する売掛金の〝差押通告書〞が届いた。A社の担当者としては、消費税の滞納について〝分割払い〞の交渉をしていた矢先であり、この突然の国税の差押え徴収は、まさに〝寝耳に水〟の出来事であった。国税の徴収官においても、当額差押え金額の大きさからすれば、当社が直ちに資金繰りに窮して〝倒産〟してしまう恐れがあることくらいはわかっていたことだろう。確かに、税金は国民の三大義務の一つであり納付しなければならないのはわかる。

▼会社を倒産に追い込み従業員を路頭に迷わせることになる売掛金への差押えは如何なものか

ただ、平常通りの通常業務を続け、仕入先への支払いを通常通りにしなければ収益も上がらず、今のA社には滞納してしまった税金を一度に支払えるだけの資金的余力はないことは十分に説明していた。そもそも〝税金〟なのだから、私的再建でも法的再生でも全額を支払わなければならない。法律もカットの対象とはしていない。それくらい手厚く保護されているのだから、少しの時間と返済の猶予の機会を与えてくれる〝慈悲の気持ち〟を示してくれても良いのではないか。杓子定規な税金の差押えで資金がショートし、万一会社が潰れたら、そこで働く従業員やそのご家族らが皆路頭に迷うことになる。皆が不幸せになる。〝税金〟とは国民を幸せにするために使われるのであろう。それが会社の「全額支払いに少しだけ時間を下さい」との懇請を無視してピシャリと一括回収することで、そこで働く従業員・そのご家族・子供達の生活を脅かすことになるのは本末転倒ではないか。国民を幸せにさせる目的の税金が、かえって国民を苦しめることになるのはいかがなものであろうか。

▼年金事務所の慈悲のある対応

同じくＡ社が滞納していた厚生年金等の社会保険料の〝滞納〟も同額程あった。万一、この社会保険料の滞納分まで国税同様に売掛金を差押えられたら万事休す。会社は〝破産〟だ。そこで、裁判所に民事再生申立てをするその日に、私自身「上申書」をしたためて当該年金保険事務所に出向き、民事再生申立ての事実と申立てに至った経緯を説明。

「社会保険料滞納分まで差押えられたら資金が続かず本当に会社は死んでしまう。一八〇名の従業員とそのご家族が路頭に迷うことだけは防ぎたい。分割払いで払うので助けて欲しい」と懇請した。国税と違い、年金事務所の対応は大人であった。

「事情は分かりました。但し、今後発生する社会保険料を、決して遅れないで納めて下さい。そうすれば、これまで滞納していた三〇〇〇万円については支払える限度で〝分納〟してくれればいいですよ」

極めて良心的な対応をしてくれた。社会保険料も私的再建でも法的再建手続でもカットの対象とならないから、年金事務所としては、まずは会社を生かせれば将来発生するであろう社会保険料（将来分）はきちんと支払えて、今まで滞納してしまった社会保険料（過去分）についても会社が生かされていることで優先的に回収が見込めることを理解してくれていた。同じ租税公課の滞納金でのこの扱いの差は何だろうかと考えてみた。

「社会保険料」はまさに当該納付した従業員の将来の生活の安定のための支給額に使う資金である。〝生活の安定〟というキーワードは、滞納徴収による会社破綻とは相容れない。

従業員の現在、そして、将来の生活安定の基礎となる支給額を守るためには、経営危機の会社が無事に再生してくれることが、〝年金事務所の存在意義〟に合致することになろう。だからこそ、滞納分については差押えという強制手段で潰してしまうよりは支援して生かしての継続弁済という方法のほうが、〝年金事務所の存在意義〟から見てマッチするのであろう。

▼絶体絶命

国税に対する売掛金差押えの実情を知った〝メインバンク〟もことがことなだけに手許の預金の拘束や売掛金に対し設定している担保権の実行の動きがあった。〝メインバンク〟の預金まで拘束され引き出せないことになると三月末に支払うことになっている従業員の給与のみならず、取引先の支払いすらも払えないことになる。少なくとも〝従業員の給与〟は、まさに生活に直結するものだ。特に給与も支払えない会社に嫌気をなし、会社を辞めていけば、そして従業員がいなくなればA社の再生はアウトだ。私は、直ちに〝メインバンク〟の企業支援室長に面会を申し入れた。

「担保権の実行だけはしないで欲しい、貴銀行の預金や売掛金の入金すら使えなくなると、もはや会社は『破産』しかなくなる。国税に差押えられた三五〇〇万円は使えなくなるとしても貴行の預金を解放してくれたら〝取引先への支払い〟は困難としても、少なくとも〝従業員の給与〟だけは支払える」

そもそも〝私的再建〟の時は、少なくとも取引先には支払える。だから会社は順調に経済活動ができるという前提であったが、もはやここに来て、取引先への支払いすら困難となれば、今まで行ってきた私的再建ではなく「民事再生」という手法で裁判所に取引業者等の債権の一時弁済停止の保全処分を出してもらい、取引先との混乱を回避し、裁判所の手続の中でA社の再生を果たすことが必要となる。

▼会社再建のための民事再生を進める必要不可欠な〝命の水〟の解放のお願い

メイン行の〝担保権〟も民事再生手続の中では拘束されないので、会社を生かしながら再生手続の中でメイン行と協議しながら「別除権受戻弁済協定」を締結して対象の非保全債権額を決定して返済していくことができる。銀行としての担保権対象部分の回収は全額可能となる。

「どうか預金拘束と、担保権の実行はしないで欲しい」と頭を下げてお願いした。交渉は深夜遅くまで続いた。従業員一八〇名とそのご家族・子供達の生活が、私だけでなくメインバンクの支援室長の肩にもかかっていた。メインバンクの支援室長としては苦しい決断であったろう。

「先生、そうは言っても当行としてもこのまま預金開放していいものか難しいものがある」メインバンクの支援室長も苦しい中、メインバンクの事情を考えると預金開放は困難であることをむしろ弁護士である私に理解してほしいとの要請であった。

私は、「今日の所は交渉がまとまらないことは分かるが、給与の支払い日の三一日まであと一、一日ある。どうか〝給与の支払い〟ができるよう〝預金封鎖〟は考え直して欲しい。従業員やそのご家族、子供達の生活を守って欲しい」

給与の支払いは、まさに会社の〝命の水〟となる。

そう言って、私はメインバンクの支援室長の背中を見送り一礼をした。メインバンクの内情もよく分かる。支援室長の立場もよく分かる。その日は、万一に備え〝破産の申立て〟を準備するように担当弁護士に指示した。しかし、破産をするにしても裁判所に支払う予納金すら準備できていない。破産するにもお金がいるのだ。〝万事休す〟だ、さぁどうする。さすがに眠れない夜をもんもんと過ごした。明日の夜明けが待ち遠しかった。

▼銀行マンの矜持を見た!! メインバンクの慈悲ある対応

九九・九%ダメでも〇・一%の可能性があれば最後まであきらめないのが私の〝仕事の流儀〟だ。

翌日の三月三一日、私はその地元のメインバンクJの本店を訪れた。なんとかA社の従業員の生活を守り、A社の再建に結び付けたかった。

対応した企業経営支援室長O氏は、

「先生、私も昨日から寝ないで当行内で議論を重ねました。先生の言う通り、当行の対応如何でA社は破産して何も残らないという最悪の事態も想定しております。ただし、今回は〝裁判所〟での手続ということですね。先生が民事再生をしてA社を再生するというのなら、当行の預金につき、今回は拘束せず従業員の給料に使うなどの資金繰りに使ってもらうことを認めますよ。担保権についてもその設定の経緯等数十年前の書類を遡って調べました。複雑な内容もあるので、地元に根差す金融機関として、地元企業の支援も私の〝使命〟と思っております。今回は、私的なそれではなく、裁判所の手続の中での対応として民事再生での事業継続をされようとしていることをまずは期待していますよ」

この支援室長Ｏ氏の英断があったからこそ、Ａ社は〝破産〟という「死」に至らしめられず、裁判所のリードの下、民事再生手続で再生を目指すことができた。きっとメインバンクの支援室長は、第二次世界大戦中、ナチスにより迫害されていたガス室送りのユダヤ人達約六〇〇〇人をリトアニアから脱出させるため君命に背いてでも〝命のビザ〟を発給したリトアニア駐日大使「杉浦千畝氏」の〝心境〟であったに違いない。この金融機関に身を置く支援室長Ｏ氏の目利き力、更には懐の深さ、人情、慈悲の心という支援室長の人間性にＡ社の命は救われたといっても過言ではない。

最後には銀行も組合も人としての〝情〟があった↓相手方から質権解放の了解（運転資金に使ってもよい）↓予納金等資金繰りの目途が立つ

▼民事再生手続開始申立て

同年四月三日　破産準備から「民事再生手続開始申立て」へ（平成二九年（再）一号）

民事再生申立てのその日に年金事務所との交渉「滞納社会保険料　分割払いのお願い書」

――今後発生分をきちんと支払ってもらえば滞納分の返済について検討の余地ありとの回答。

➡

懸念していた「年金事務所」の対応について支援協力の方向性が見出せたので裁判所は開始決定。

➡

しかし、なかなか利益が出せない。

➡

〝清算価値保障原則〟との関係上、清算価値を上回る「自主再建」での収益による一〇年弁済での絵が描けない。困った。どうしよう。

➡

▼スポンサー候補現れる

スポンサー候補現れる（グッドタイミング＝東京弁護士会倒産法部会の先輩である松田耕治弁護士の助け舟）

⬅ 二〇一八年一月一五日　再生計画の事前説明会（スポンサー方式）。スポンサーへの〝会社分割〟による分割代金で一括弁済の再生計画案で債権者の理解・納得を確信。

⬅ 二〇一八年二月二一日　債権者集会　九八・三五％による賛成。即日「認可決定」

⬅ 二〇一八年三月　確定

⬅ 二〇一八年五月　第一回弁済

〝失敗の多くは、成功する前にあきらめてしまうところに原因があるように思われる。最後の最後まであきらめてはいけない!!〟

松下幸之助

体験記8

金融機関の同意を得る前に「会社分割」を実施し、事実上の債権カットを骨子とした第二会社方式で〝経営者続投〟により再生を果たした会社の体験記

▼手続の流れ

リ・スケジュールの失敗→純粋私的再建（抜本型）→中小企業再生支援協議会に入る（準則型私的再建）→金融機関の事前の同意ないまま会社分割実行→支援協議会を追い出される（純粋私的再建に戻る）→全国本部とも相談し再び支援協議会に入る→債権カットを骨子とした抜本再建策を全員一致の賛成で成立

［事案］

その会社は、東北地方で水産系の市場を経営していたが、多角化経営を目指し、大型市場施設の建設（全額金融借入）を機に経営が傾き新規融資の申込みも断られ、コンサルタントに助

けを求め「リ・スケジュール」での再建を目指すも金利だけで年間五〇〇〇万円以上を支払い、体力を消耗し、遂には月末資金わずか数万円という崖っぷちの状況に追い込まれていた。
社長がたまたまつけたTVで私が出演したNHKでの「プロフェッショナル仕事の流儀」を見て当事務所の門を叩いた。まさに〝出会いは必然〟であった。

▼事務所の方針

当事務所では、従前の「リ・スケジュール」方式での再建策の失敗に着目し、売上・利益による〝収益〟に比し建設資金を含めた過大すぎる〝過剰債務〟であることが明白であったから、その過剰部分の切り離し（カット）を骨子とした再建案をバンクミーティングで提示した。すると、

「〝私的再建〟での債権カットの抜本再生事案であるなら、検討する余地もない。債権カットならばあくまで民事再生手続でしょう!!」

「債権カットならば競売して回収する!!」

「村松弁護士の再建実績は十分に承知しているが、本件は村松弁護士主導でなく公的な機関である地元の中小企業再生支援協議会を活用して欲しい!!」等の意見が多数出た。

その当時〝私的再建の意義・本質〟を理解している金融機関はほとんどいなかったし、私的再建手続での債権カットなどその地方では〝前例〟がないし、できないということだっ

わらずだ。これまで行ってきた「リ・スケジュール」による再建策が失敗しているというのにかかわらずだ。

▼一度目の再生支援協議会

そこで、地元の支援協議会に相談に行き、第二次対応となる「支援協議会関与の再建方策」（準則型私的再建）に移っていった。しかし、〝抜本再生〟に対する支援協議会の腰は重かった。

第一回のキックオフから会社の財務状況の実態を調査するための「資産査定」を経て、いよいよ〝債権カット〟を骨子とした「抜本再生計画案」の審議に入ると、金融機関の抵抗はさらに厳しさを増していった。ついには「こんな会社は、再生する意味があるとは思えない」との地元一番の地銀の審査部長の発言があった。

私はこの言葉を聞き捨ててはおけなかった。

「会社とはただの一人ではない。どんな会社にも従業員がいる。お客様がいる。取引先がいる。その方々が密接に関係し、その会社を中心にして人生を紡いでいる。どんな会社も社会に貢献している以上継続する権利があり、存続する意味がある。社員を見殺しにしろと言うんですか。社員とご家族の生活はどうなってもいいんですか!!」

と吠えた。

私は、過去に亡くなられた社長さん達の悔しさを代弁したかった。結局「債権カットを骨子とした抜本的な再建案」は金融機関の全員一致の賛成を得られないままであった。

▼金融機関の同意の前の会社分割の実行

金融機関の決済がなかなか進まない。取引先からも「会社は危ないらしい」との噂が立ち始めていた。そんな時に間が悪いことにある情報誌が会社の信用を失墜させる記事を掲載し、会社の信用は劣化していった。もはや全金融機関の同意を待っている余裕などはなかった。私は躊躇なく会社分割を決行した。

すると、「支援協議会で調整中なのに金融機関の同意もなく、会社分割を勝手に実行するとは何事か!!」と支援協議会まで怒らせてしまい、結局支援協議会を出ることとなった。

〝人間は負けたら終わりなのではない。辞めたら終わりなのだ〟

リチャード・ニクソン[18]

もっとも、そんなことで諦める私ではなかった。金融機関の顔を立てて支援協議会にお願いはしたが、もともとは、支援協議会の関与を想定しておらず、私の指導で「再建」を果たす予定だったからである。その自信も十分あった。

▼抗議の手紙

再び〝純粋私的再建手続〟に戻り、「銀行回り」を再開した。「債権カット」へのアレルギーだけでなく、〝社長の続投〟の計画に対しては、日に日に「そんなことはダメだ。債権カットしておいて社長が残るなどモラルハザードも甚だしい」と社長への〝退陣要求〟が強まっていった。

そんなある日、政府系金融機関の担当者が黙ってうつむくA社のT社長個人を上から目線で、人間として扱わないような誹謗中傷する言葉を乱発したから、私は頭に血が上り、怒りに任せて机を叩いて怒った。

社長を詐欺者でもあるかのように犯罪者呼ばわりし、それ以外にも決して許せない数々の言動に私はその政府系金融機関の理事長に〝抗議の手紙〟を書いた。

すると到達したと思われる翌日には私の事務所に上司と役員が、担当者の非を詫びに来た。

支援協議会を出て一年程金融機関を説得に回った時、金融機関から「もう一度支援協議会に入って〝準則的な私的再建手続〟でやってもらえないか」との言葉が出た。それまでは一度支援協議会を出たら〝再び入る〟との「出戻り事例」の案件は皆無であった。

▼二度目の再生支援協議会

全国四七都道府県の支援協議会を統括する〝全国本部〟に相談に行った。件の会社の存在意義や二〇〇名に及ぶ従業員の雇用の継続等債権の本質をよく理解している全国本部であった。極めて異例であるが、再び地元の支援協議会に入り、債権カットの抜本再生事案の審議に入った。

〝経営者続投〟を骨子とした再生計画に対し、「債権カットをしながら経営者続投なんてモラルハザードの観点からも認められない」と主張する金融機関に対し、「T社長の営業力・人脈でこの会社の売上計画の五〇％以上を予定している。経営者交代が絶対的な経営責任の取り方ではない。経営危機に陥った理由が経営判断のミスや公私混同やコンプライアンス違反のような著しい悪質性が経営者に認められる場合は、私も経営者を交代することに異議は唱えないが、本件はそうではない。この数年間T社長は骨身を削ってお客様の信頼回復や取引継続に働いている。役員報酬も返上する覚悟を示している。〝個人破産〟もする予定だ。社員の人望も厚い。再建計画を実行性のあるものにする中心人物でもある。余人をもって代えがたしである。もう一度だけ社長にチャンスをあげてくれないか」と金融機関に理解を求めた。

「社長続投ではとても稟議は取れない。辞めさせるのが当然です」

議論は数カ月続いた。

▼社長続投のための嘆願書

私は全従業員の人望が厚いことを知ってもらうために社員全員を集め、〝決起集会〟を開き、「嘆願書」を全従業員にお願いした。皆社長が大好きらしく、快く社長の続投のための嘆願書に署名捺印してくれた。

私はその「嘆願書」を持って金融機関を回った。少しずつだが、金融機関は心を開き始めてくれた。

▼全金融機関からの同意の取付け

会社分割後も出戻りとなった支援協議会のT統括部長が自ら会社の再建が〝正義〟であり、金融機関の〝使命〟に合致すると熱く金融機関に働きかけ、説得してくれた。おかげで、二〇一〇年七月、私が策定した経営者続投の事実上の債権カットを骨子として第二会社による会社再建（会社分割）を全員一致で可決し、二度目の再生支援協議会で〝過剰債務〟の重石から解き放たれたA社は「再生のスタート」を切ることとなった。

▼手紙

その後、バンクミーティングで口角泡を飛ばし議論した地元地銀のN審査部長さんから「手紙」をいただき、「私もあくまで先生と同じく中小零細企業の倒産を心苦しく、金融マンとして〝自責の念〟をいだき、悔しい思いをしている」とその〝心中〟を明かしてくれた。熱いハートを持っているこの金融マンとはその後心を打ち溶け合い、倒産という悪魔と闘う〝親しき同志〟であり、〝戦友〟としてその地方に出張に行った際には当該銀行の審査部に立ち寄り、コーヒーをごちそうになったりしている仲となった。

そして、〝出戻り後〟のバンクミーティングで〝本物の再建〟を目指そうじゃないかと金融機関を説得してくれた地元の支援協議会のT統括部長（当時）からも以下の内容を骨子とした感謝の「手紙」をいただき、私の人生のかけがえのない〝宝物〟の一つとなっている。

謹啓

春風駘蕩の候、先生にはますますご健勝のこととお慶び申し上げます。

（中略）

先生が会社再建にあたり、「社長の〝人間性〟を見極めることに集中した」という点は特に強く共鳴を覚えました。私も企業の見極めには経営者の〝人間性〟が最大のポイントと感じております。

この会社の再生はまさに村松先生でなければ成し得なかったものと今も思っております。

全従業員の「嘆願書」を取りまとめ、主力債権者のトップに直訴したこと、更には、経営トップの首を替えないで済ませたこと等々、常人では真似のできないようなことばかりでした。

先生のおかげで会社の危機が回避された時、T社長は全社員の前で「我が社に奇跡が起こった!!」と話したそうです。

私も全く同感でした。

地方の一中小企業に実際に〝あのようなこと〟が出来たことに今でも私は大きな感動を覚えて

おります。

先生におかれましては、一件一件まさに身を削るお仕事と思いますが、地方には先生の御支援を切実に望んでいる企業が限りなくおりますので、どうぞ今後ともよろしくお願い致します。

私どもも力不足ながら、先生の心意気に負けないように一社でも多くの企業が〝真の再生〟ができるよう頑張る所存です。

今後の先生の益々のご活躍とご健康を祈念申し上げます。

謹白

平成二四年〇月〇日

△△△△

村松謙一弁護士　殿

▼命のトラック

再建のスタートを切ってから、半年ほど経過した二〇一一年三月一一日、大震災とこれまで経験したことのないような大津波が東北地方を襲った。

被災に遭われた被災者への物資の供給が喫緊の課題となった。この会社の物流用の軽油タンクは神様が守ってくれたかのように奇跡的に無傷であった。この広大な市場施設を「基地」として、全国から運ばれてくる物資を自社のトラックで各地避難所に運ぶことができた。

仙台や盛岡などの主要都市でも物流が全て止まった中、この会社は「命のトラック」を次々と走らせ、市場で撥ねられた魚や野菜を満載して不安と恐怖で脅える、そして愛しきかけがえのない人を亡くし悲しみの世界で泣いている方々に〝生きる希望〟を届けた。崖っぷちの会社を生き返らせてくれた金融機関の方々へのせめてもの〝恩返し〟に社長以下社員たちは不眠不休で物資を運んだ。会社が生き残るとは社会に〝幸福〟を届ける、そういうことなのだ。

〝やったことは例え失敗しても、二〇年後には、笑い話にできる。しかし、やらなかったことは、二〇年後には、後悔するだけだ〟

マーク・トウェイン[19]

1▽民事再生法二五条には「次の各号のいずれかに該当する場合には、裁判所は、再生手続開始の申立てを棄却しなければならない」とし、その第四号に「不当な目的で再生手続開始の申立てがされたとき、その他申立てが誠実にされたものでないとき」と規定されている。

2▽「再度の考案」の規定（民事訴訟法三三三条、民事訴訟規則二〇六条）によると、原裁判所にて審査の結果〝理由がない〟と認めるときは意見を付して事件を抗告裁判所に送付しなければならない、とされている。

3▽東京高決平成二四年九月七日金融・商事判例一四一〇号五七頁

4▽山本和彦「再生申立権の濫用について——東京高決平成二四年九月七日を手掛かりとして」NBL九九四号一二頁（二〇一三）

5▽増市徹「再生手続開始の申立てが民事再生法二五条四号所定の『不当な目的』でされた場合に該当するとして棄却された事例」金融法務事情一九七七号六〇頁（二〇一三）

6▽伊藤尚「民事再生申立ての濫用（否認権の行使のみを目的とした再生申立て）——東京高決平二四・九・七を契機として」金融法務事情一九六九号六頁（二〇一三）

7▽笠井正俊＝越山和広編『新・コンメンタール民事訴訟法〔第二版〕』（日本評論社、二〇一三）一〇八四頁

8▽山本・前掲4・一二頁

9▽前掲3・六一頁

10▽職権による牽連破産手続開始（再生手続の終了に伴う職権による破産手続開始の決定）。「破産手続開始前の再生債務者について再生手続開始の申立ての棄却（中略）が確定した場合において、裁判所は、当該再生債務者に破産手続開始の原因となる事実があると認めるときは、職権で、破産法に従い、破産手続開始の決定をすることができる」（民事再生法二五〇条一項）

11▽優越的地位を占める者の訴訟。例えば企業vs個人等で（個人等の）告発者も疲弊させる嫌がらせ効果と結びつく恫喝・発言封じなどの威圧的・報復的な目的で起こす訴訟をいう。

12▽東京地決平成二五年一一月六日金融・商事判例一四二九号三二頁

13▽これについては、山本和彦「ドイツ型倒産法制導入の是非」ビジネス法務一三巻七号（二〇一三）三九頁以下参照。筆者自身は、そのような制裁によって申立てを早期化させる措置は（歴史上の経験から）実効性に乏しく、むしろ経営者の保証債務の軽減など早期申立てのインセンティブを拡大すべき旨を主張している。

14▽昭和六三年判決は〝裁判を受ける権利〟は最大限尊重されるべきであるから原則として「訴えの提起」は正当行為であり仮に敗訴判決が確定したとしてもその提起自体が直ちに被告に対する不法行為とならないが、〝極めて例外的な場合〟の「訴えの提起」が不法行為となる可能性がある。その「要件」として、「故意・重過失」がある場合という。即ち提訴者の主張した権利または法律関係が事実的・法律的根拠を欠くうえ、提訴者がそのことを知りながらまたは通常人であれば容易にそのことを知りえたのにあえて訴えを提起したような場合は、結果として前訴の提起が裁判制度の趣旨・目的に照らして著しく相当性を欠くものとして、違法性をおびる。

15▽訴訟の判決の場合とは異なり、再生手続開始決定についてはその判断に「既判力」がないと解されるので、あとから手続開始原因の不存在を争う余地は常に残されている。

16▽産業再生機構、第二日本承継銀行とともに預金保険機構の一〇〇%出資で設立された株式会社であり、住宅金融債権管理機構及び整理回収銀行が一九九九年四月一日に合併し、住宅金融債権管理機構を存続会社として発足した。

17▽アメリカ合衆国の発明家。『トーマス・エジソン 神の仕事力』桑原晃弥著（電波社）

18▽第三七代アメリカ合衆国大統領

19▽アメリカ合衆国の小説家

第７章

死者の魂との会話

〝散る桜　残る桜も　散る桜〟

良寛禅師[1]

はじめに

年の瀬が迫った一二月の終わり、その社長S氏とは、一年の苦労を忘れる福島県いわき市のとある忘年会で「〝来年の桜〟の咲く季節になったらまたゴルフをやりましょう」と言って、別れた。

しかし、翌日、長身で精悍な顔つきのその社長は、体に変調をきたし医者から余命三カ月の〝末期がん〟と告げられ、翌年二月、その誕生日を迎えると、〝来年の桜〟の花を見ることなく、静かに息を引き取り、未だ五〇歳という若さで天国に旅立った。〝余命を宣告される〟というのは辛く苦しいことである。その社長の悔しさを思うと残念でたまらない。

また別の事案では、相談に来られ「一カ月後にまた相談に来てください」と言って別れた一カ月後になっても相談に来ないので心配になって会社に連絡を入れると、予定していた相談日の当日家の近くの踏切に飛び込み六〇歳の命を絶ち天国に旅立った社長がいる。この一カ月間の社長の心中を思うと悔しくてたまらない。

この社長のように再建処理に必要な書類を次回に持参してきてくださいと告げたものの、そのまま来なくなってしまうケースもたくさんある。私の手をするりと抜けてしまった〝命〟

がたくさんあった。

私が娘の死で地獄の底を這いつくばっていた頃、親身になってお経をあげ、常に寄り添ってくれたのに、がんには勝てず六六歳の年齢で天国に旅立った社長W氏がいる。病院のベッドで私に〝ありがとう〟と言ってくれた社長の気持ちを思い、私こそありがとうと言った自分がいた。

どんな原因にせよ、天国に旅立った社長さんたちの顔も声も姿形も私の瞼に焼き付いている限り、その社長さんたちは〝死〟んでいない。私の心の中で生き続けており、私が人の道に反するような間違った行動をしないように、そして私が危機的状況になった時にも私に力を与えてくれるかのように天国から見守ってくれている。

本章ではそんな社長さん達との生前、私の倒産弁護士の〝駆け出し〟の頃の話と〝最近の話〟を通して〝魂の会社再建〟について語りたい。

・・・・・・・・・・・・

一年のうちの春と秋に訪れる〝お彼岸〟の時期は、天国にいる我が娘や我が父母、普段は多忙にかまけて忘れている良き友人や諸先輩方々と青い空を見上げ、久しぶりの〝対話〟をして心穏やかに過ごしている。ある意味、お彼岸は「タイムマシーン」と思える。幼少の頃の母の手料理や、父母、兄弟らとのTVを囲んでの家族団欒、結婚して子供を授かり、初めて父親となった若き青年の頃など、亡き人達と過ごした懐かしい〝過去〟へ戻れる。それは悲しくもあり、ただ穏やかな時でもある。

死者が見えると言ったら大袈裟だが、何となくある時そこにその人を〝感じる〟ような気がしている。芹沢光治良の小説に『死者との対話』がある。戦争の話であり、中身は省略するが、「死者は生き残った人の記憶の中にしか生存できず、その人の記憶も共に薄れてくる。そして、生き残った人自身、この世を去ってしまう時が来る」と書かれている。今生き残っている私もやがてはこの世を去る。だから、私の記憶の中の「一地方の小さきW社の再建の物語」もやがてはこの世から消し去られてしまう。私が生きているうちに、このW社長、Y審査部長の人間としての生き様を私の心だけではなく、読者の方の心にも刻み込めたらと願うものである。

生コン製造メーカーのW社長との出会い ▶ 体験記9

第1 二度の民事再生（和議・民事再生）を乗り越えて

［事案］
先代のW社長の時代に「和議手続」をし、その息子さんの代に「民事再生」をして、二度の再生手続を経て再生を果たして蘇ったW社の話

▼亡くなったW社長の人間としてのやさしさ

一九九八年に私の娘が一五歳九カ月で一人天国に旅立った時、私は生きる意欲を失いかけ、漆黒の暗闇を彷徨っていた時、何とかこの世界に踏み止まれたのも師匠の清水直弁護士をはじめ、多くの先輩、友達に支えられてきたからだ。その中には既に天国に行かれた方も多数いるが、とりわけW社長には、私と一緒に涙して、私の家や会社で般若心経を唱えてくれて、私や私の家族の支えとなってくれたことは今でも感謝している。そのW社長は、私がNHK総合テレビ第三七回の『プロフェッショナル仕事の流儀』という番組に出ることを話したら、「私も先生のファンだから」ととても喜んでくれたが、二〇〇七年一月一一日の番組の放映直前の一月四日に六六歳の若さで帰らぬ人となった。私が、W社長と出会ったのは三七歳の時、このプロフェッショナルの番組も第三七回目〝不思議なご縁〟を感じざるを得ない。

W社長の息子さんから「記念すべき新規融資を受け、民事再生の〝前倒し弁済〟ができ

た」という嬉しい報告ができるのも〝不思議なご縁〟としか考えられない。

▼前倒し弁済

この年は八月というのに雨が続き天候不順のとある日、私が着くのを待っていたかのように早々に電話が鳴った。

「先生、朝早くから申し訳ありませんが、再生計画で認可された一〇年弁済のうち昨年までで七年経過したから、あと三年あるんですけど、『再生計画に基づく弁済』って今回の第八回目の返済日に〝前倒し〟で残り九回分と一〇回分の先払い弁済はできるんですか？」

民事再生会社W社で、精力的に、経理・総務を担当しているU氏からの電話だった。

U氏は、現在のW社長の父である先代のW社長の頃から、W社の経理を担当していて、頭の切れる優秀な社員であった。先代のW社長もU氏には絶大な信頼を置いていた。W社長時代の〝和議〟による再生、息子である現在の社長W氏の元での〝民事再生による再生〟の二回の再建劇を経験しており、会社再建に関してはベテラン経理マンと言えよう。

「そもそも三回分を一気に払えるお金はあるの？」

「業績は好調に推移しています。資金繰りは余裕があるというか……新たな融資も決まりそうで……」

「それは良かった。一般的に言えば、再生会社のW社が、債権者から〝期限の利益〟をもらっている格好になっているから、W社が〝期限の利益〟という権利を自ら放棄して一括前払いをすることは問題ないと思うけど……ちょっと待ってくれ」

私は再生計画案の中身がどうなっているか気になっていたので、担当弁護士Yに調べさせた。

「先生、大丈夫ですよ。再生計画案の『第2 再生債権に対する権利の変更および弁済方法、三 個別条項、(三) 繰上弁済』の項によれば、再生債務者は、上記(二)(別表「再生債権弁済計画表」記載の弁済方法)の各弁済額の全部又は一部を同(二)の各弁済日から繰上弁済日まで商事法定利率年六%の割合の複利計算による中間利息を控除した額により、繰り上げて弁済することができると規定されているため、〝前倒し弁済〟も想定した再生計画となっています」

▼画期的な出来事

私は担当のY弁護士の回答をそのままU氏に伝えた。

「先生、お陰様で業績も順調でして、新たにY銀行の融資もおりそうです」

「新たな融資？ それはよかったね」

W社は先代のW社長時代の〝和議手続〟に続いて、息子であるW社長の時代に、二度目の〝民事再生〟を申立てていた。だから、先代のW社長時代から今日までの二〇年間、金融機関からの新たな借入れは一切できなかった。逆に言えば、二〇年間金融機関からの借入れが無くても〝身の丈の経営〟に徹すれば会社は回っていくという事実を証明しているということとだ。それはおいても、二〇年ぶりの新規の金融機関からの借入れは、W社にとっては〝画期的な出来事〟であった。新規融資を決めてくれたY銀行も立派な対応だ。しかし、民事再生等再建事件の専門家の立場から言わせてもらえば、多くの銀行が〝民事再生会社〟に対しての融資は尻込みがちだ。そして、業績好調ならば、失った取引先との信頼関係を構築できたという証明であり、銀行として融資等を通じて付き合うに値する会社であろう。

▼前倒し弁済のご連絡文の起案

私は、後記のような〝ご連絡〟を起案して債権者に送った。民事再生を申立てた代理人弁護士として、このような〝挨拶文〟を送れることはまさに〝弁護士冥利に尽きる〟嬉しい出来事である。

私は、先代のW社長の息子であるW社の社長に連絡を入れ、

「今回前倒しで再生債権の弁済ができそうで良かったね。きっと君のお父さんが天国から応援してくれていたんだよ。まだ若かった君が、お父さんの後を継ぎ、一生懸命経営をし、再び崖っぷちに立たされてもあきらめずに頑張ってきた君を、〝さすが、わが息子〟とお父さんとしても〝あの笑顔〟で褒めてくれているんじゃないかな。君にはお父さんの血が入っているんだね。お父さんも君を〝誇り〟に思っているはずだよ」

平成二九年八月〇〇日

再生債権者　各位

再生債権前倒し弁済のご連絡（お詫びとお礼）

再生債務者　株式会社W社
代表取締役　〇〇　〇〇
代理人弁護士　村　松　謙　一

拝啓

時下益々ご清栄のこととお喜び申し上げます。平素は当社の企業再建にご理解・ご協力いただきありがとうございます。

［経緯］

さて、当社は、経営不振の中、事業再生を目指し、平成二一年八月〇日、〇〇地方裁判所にて民事再生手続開始申立を行いました（平成二一年（再）第〇号再生手続開始申立事件）。平成二二年〇月〇日可決・認可頂き、平成二五年〇月〇日に再生手続が終結して以来、今日まで再生債権者の皆様方には、多大なご迷惑をお掛けしましたことを、本書面を借りて深くお詫び申し上げますと共に、皆様のご支援・ご協力を頂き、事業の再建に取り組んでこられたことに深く感謝しております。

今回は、再生計画の三年前倒し弁済につきご連絡いたします。

〔感謝とお礼〕

当社の旧経営者であるW氏の急逝の後を受けて、そのご子息である現在の○○　○○氏が社長の座を引き継いだ苦難の船出の中、取引先への信頼を回復するため、懸命な努力を重ねて会社の経営者として事業再生の指導をして参りました。

ここに来るまでの道程は非常に厳しいものでしたが、地道かつ真摯なる経営努力を重ねた結果、今般、再生債権を〝三年間前倒し〟して完済することができる程に業績が堅調に推移できましたのも、ひとえに再生債権者の皆様のご信任・ご協力の賜物と感謝しております。

天国から見守っている、現社長○○　○○氏の父である（故）○○　○○氏もきっと喜んでいることと思います。

今後は、これまで以上に事業を誠実に遂行し、当社の強みである皆様が安心できる〝品質〟をより向上させ、少しでも業績を好転させて皆様にお掛けしたご迷惑に報いることが出来るように、全役員・社員一丸となって努力して参る所存で御座いますので、今後とも株式会社Wに対し、ご指導・ご鞭撻の程何卒宜しくお願いいたします。

敬具

▼先代のW社長との突然の出会い

二代目社長のお父さんであり、W社の創業者であるW氏との出会いは、遡ること今から二七年前で、私の師匠である清水直法律事務所を独立して二年目の、私はまだ三七歳の時、W社長は脂が乗り切った五一歳だった。W氏の会社は、地元でも有名な生コンプラントを擁する建設会社だった。

それはあまりにも突然の出会いだった。

ある日突然、先代のW社長とその大柄の弟二人、それにメガネをかけて髭を生やした少し小柄なT税理士の四人が、東京都中央区新川にある独立したばかりの私の事務所に訪ねてきた。戦闘服のような青い作業着に身を包んだ目の前に座った大柄の三兄弟は、その体格の割には弱々しく、そしてとても不安そうに皆下を向いていた。

「どうされたんですか?」

「先生、実は資金繰りが苦しく、九月には手形が不渡りになりそうで……」

長男であり、社長であるW氏は、呻きだすような小さな声で、淡々とことの経緯を話した。

▼貸し剥がし

一九九一年のバブルの崩壊と共に、W社の業績も下降線をたどり、新規に建設したばかりの生コンプラント施設の稼働率も危険水域の三割を切り、その業績に合わせるかのように金融機関から突然、「弁済証書の切り替えはできない、一〇億円の借入金を一括ですぐに返すように」との要求を突き付けられた。

一九九一年のその当時の金融機関は、W社のように業績の悪化した企業に対して手のひらを返したかのように返済要求を始めた。いわゆる『貸し剥がし』として社会現象となった。W社長としては、頼みの綱である金融機関の通常の日々の運転資金の調達もできないだけでなく、プラント建設費として調達した一〇億円の返済も迫られている。このままでは、九月末の手形決済は困難、〝倒産〟の二文字が頭をよぎり、眠れぬ日々が続いたという。

W社の診断をする前に、〝W社長自身の経歴〟を少し述べなくてはならない。W社長の特異な経歴・その人柄が、本件事件の再生事件の重要な鍵となっていたからだ。

▼W社長の生き様

W氏は極貧の少年だった。砂利の採取業を細々と営む父親が、W氏が一六歳の時に亡くなった。まだ一六歳のW氏が、父親の後を継ぎ、小さな妹弟達や母親、三人の従業員、父親の借金、それらが一六歳のW氏の肩に重くのしかかっていた。W氏は、聡明で頭が良かったから、地元一番の進学校に合格したものの、稼業に専念するためその高校は中退し、朝三時から夜中の一二時まで働く毎日は、苦しさの連続だったそうだ。何度もくじけそうになったが、天国のお父さんの励ましで何度も立ち直ってきたそうだ。W氏は、商売についても先駆的な性格と言うか、根っからの商売人であった。一八歳になった時、資本金六〇万円で、現在のW社を設立し、六〇年代に入ると、中小企業の生きていく道として大手建設会社ができないニッチな分野を開拓すべく、当時あまりやられていない小型生コン事業に着手し始めた。W氏はその性格から、独立自尊の道を歩み、何かと制約の多い同業者で作られる〝協同組合〟には入らなかった。そのため、組合からは〝異端児〟と見られ価格や仕入れ調達について容赦ない圧力や、制約があり、生コン等の建設資材の調達にも相当苦労させられた。そこで弱音を吐くような異端児W社長ではなかった。W社長は、なにくそと建設資材の調達を海外に求め、人情の厚いW氏の潔い気持ちに共感した韓国の大手生コン会社から韓国産セメントを、組合を通さず独自に輸入し、活路を広げていた。八三年にはJIS規格も取得し、三人の従業員で細々と砂利採取業を営んでいた父親の後を継いだ一六歳のW社長であったが、この時には従業員五〇人の中堅会社に規模を拡大していた。

▼バブル経済の崩壊

その八三年、日本は〝バブル経済〟に浮かれ始めていた。どの企業も右肩上がりの業績で、株式も日経平均四万円を突破する勢いだった。誰もが日本経済はこのまま成長すると思っていた。〝バブル経済が崩壊する〟等とは誰も思っていなかった時代だった。W氏も身の丈を超える国内最高級レベルの生コンプラント設備を買って、更なる飛躍に掛けることにした。金融機関に建設計画を持ち込むと、身の丈を超すような一〇億円を超す融資がいともも簡単にOKとなった。金利は六%。返済は金利だけでも月額五〇〇万円。プラント完成は九一年初頭であった。ところが、プラントが完成し、さあ稼働という時、日本経済のバブルが弾けた。これまで売り上げが倍々で伸びていたから今後も右肩上がりの成長路線で続いた事業計画であったから、金利五〇〇万円の負担も重石とは感じなかった。ところが、一転して右肩下がりとなっていく。月々五〇〇万円の金利すら重石となっていた。

その途端である。金融機関から一〇億円の一括返済を要求された。これまで幾多の商売上の苦難を乗り越えてきたW氏であるが、この金融機関の『貸し剥がし』に人生の中で初めて〝恐怖〟を感じたそうだ。金融機関に見放されたら死刑宣告を突き付けられたように恐怖で身が震えたそうだ。借りたお金はきちんと返すものだと教育され、商売人としての矜持を持っていたW氏は「〝経営者失格〟の烙印を押される。商売人としてはお終いだ。社会的に抹殺される」そう思い夜も眠れない日々が続いたそうだ。

▼W社での役員会議

W社の役員幹部が集まり、様々な対策を検討したが、打つ手がなく、八方塞がりだった。このままではW社は〝倒産〟しかないとの結論だった。知り合いの弁護士にも相談したが〝破産〟しかないとの回答だった。W社長は絶望の淵に立たされた。すると、W社長と親しくしていたT税理士が、W社の窮状を見かねて倒産に関する本を数一〇冊程探したそうだ。

T税理士が言った。

「学者の書いた本ではダメだ。実践を掻い潜った〝この本〟の著者が適任だ」

W社長はその本を手に取り、その本の冒頭に書かれた「どんなに経営状態が悪くても、法的なガードがしっかりしていれば会社は倒産することはない」を読んで、体の中の高ぶりを抑えきれなかったそうだ。W社長は、〝その本〟を一気に読み終えると、T税理士に「この本の著者の弁護士に会えませんか!!」

T税理士は首を振った。

「この本『こうすればゼッタイ倒産しない会社になる』の著者の村松謙一弁護士というのは、事務所の住所も本や電話帳に掲載していないので連絡の取りようがない」

そんなことで諦めるW社長ではなかった。役員を集めて「この著者の弁護士村松謙一を探して欲しい。我が社の命運がかかっている!!」

▼私が事務所を記載しない理由

W社長は、何とか私の事務所の住所を調べ、藁にもすがる思いで私の事務所にやってきた。W氏は不安げな表情を浮かべて、事の経緯を一つ一つ語った。しかし、その語りは、むしろ、呻き声というのに等しかった。

「それにしても、よく私の事務所がわかりましたね。私は事務所の住所・電話番号を一切公開していません。事務所の看板も出していません。というのも再建事件というのは家を建てるようなもので、徹底した手作業で職人としていい仕事をするには、一年に三・四件がやっとです。壊れかけた会社を再建していくのです。だから看板を出して、住所を公開した結果沢山の方が押しかけられても対応ができません。私の救出ボートに乗れるのは今の私の力では、年に三・四件が限界なのです」

「先生の事務所を探すのが大変でした。諦めかけた時、うちの役員のKに、先生らしき人が自宅近くに住んでいるとの情報が入ったんです。まったくの偶然ですが」

「へぇー。それも何かの〝ご縁〟ですね。どうしても助かりたいという人は〝命〟がけで私を探します。再建は相当に厳しいんだから、何としてでも再建したいという強い意志が必要です。そうやって辿り着いた会社を私は救済してあげたいのです。諦めてしまう会社は厳しい再建に向けて倒産という悪魔と闘うことはその段階で無理なのです」

私は一連の経緯を聞き終えると、W氏社長に言った。

▼ボタンの掛け違い

「ボタンの掛け違いですね」

W社長はキョトンとした顔で私を見つめていた。

「W社はまだ〝手形不渡り〟を出していません。〝営業利益〟も過去五年以上黒字を計上しています。十分に健全な会社です。倒産なんかしませんよ!!」

〝健全〟と言われてもあれ程周りの方々がもう助からないと言っていたから、私の話が理解できなかったそうだ。

▼倒産には二種類ある

私はW社長に向かって、

「会社の倒産というのは、大別して二つに分かれます。一つは、営業赤字で倒産する本来の倒産。これを〝赤字倒産〟と言います。もう一つは、営業利益は黒字なのに倒産する。これを〝黒字倒産〟と言います。本来の倒産である赤字倒産の再建は相当に厳しいものがあります。会社が事業体としての体をなしていないからです。

これに対して、後者の黒字倒産の方は〝勘定あって銭足らず〟と言われるように、資金繰りのミスでの倒産ですから、〝資金繰り〟を見直せば倒産することはありません。W社長の会社も営業利益段階二〇〇〇万円の赤字でも減価償却費が一二〇〇万円もしているから、償却前では一〇〇〇万円の黒字です。言い換えれば、キャッシュフローは年間一〇〇〇万円の現金はあるのです。この一〇〇〇万円で返済計画を作ればいいだけの話です。それなのに利息だけでも六〇〇〇万円発生しているから、勘定が合わず資金が足りなくなるのです。年間返済額をキャッシュフローの一〇〇〇万円以内に抑えればいいのです。

ただ、今月末に回った手形の決済資金が現在は不足しています。手形不渡りを阻止するには〝和議〟手続で裁判所の保全処分を取付ける必要があります。〝弁済禁止の保全処分〟というものです。これは、申立日前の会社の債権一切を払ってはならない。お金が無いから決済ができない通常の「一号不渡り」ではなくて、裁判所が支払ってはならないということで決済が停止されるから「0号不渡り」と言って取引停止となるいわゆる通常の〝手形の不渡り〟にはあたらなくなるのです。W社長の会社は、〝償却前営業利益〟は黒字なのだから、借金や仕入れ資金は一時的に棚上げ、凍結して、一種の〝無借金状態〟にしてまずは資金繰りを安定させれば、会社は〝倒産〟のように沈没しませんよ」

うつむいていたW社長が私を見つめていた。その目は事務所に入ってきた時と違い輝いてきた。

「そんなことができるんですか?」

▼和議手続の力

「〝和議〟という手続を使うのです。」

「先生の本『こうすればゼッタイ倒産しない会社になる!!』に書いてあったあの手法ですね」

「はい。〝和議〟は死んだ子も生き返らせる力があります。裁判所に申請し、受理されれば全ての返済が凍結され、一時的にですが、しばらくの間は無借金状態、無風状態になります。売上げ不振の時こそ、約束通りの返済を守ろうと頑張らなくてもいいんです。返済をするために頑張って、倒産してしまう方がかえって債権者を害してしまいますよ。金融機関や債権者だって、何もW社長の会社が倒産して欲しいなんて思ってませんよ」

W社長は、後日談であるが、あの時の先生の言葉は、最初はこの人は何を言ってるんだと〝疑心暗鬼〟だったが、実践に裏付けられた体験話を聞くうちに〝目からうろこ〟であり、さあやるぞと勇気が出て、心底励まされたと語ってくれた。

「この若い弁護士に全てを任せよう」W社長が人に何かを委ねようと思ったことはこの時が初めてだったそうだ。

この七年後、私の娘の死で今度は私がW社長に救われようとはこの時は思ってもみなかった。

▼和議手続に向けて

私は、W社を和議手続で再建することを決めた。ただ、企業再建の第一人者であった清水直法律事務所を独立したばかりの私は小さな一人事務所であったから、困難を極める和議手続を乗り切るだけの〝人材〟が不足していた。

そこで、修習生の時の修習地が横浜で一緒だった仲の良い友人である小林信明弁護士と高橋達朗弁護士の二名に和議手続の補佐を頼んだ。この二人の弁護士は、今では日本を代表する立派な弁護士であることは誰もが知るところだ。若き三名の弁護士で一緒に会社の救済活動をできたのも私の嬉しい記憶の一片である。

▼裁判所の和議手続の運用

ただ、この当時の裁判所の和議の運用は大変に厳しかった。というのも、〝手形不渡り〟を避けるために和議手続を申し立て手形の支払期日が過ぎて不渡りを免れたことを確認すると、和議手続を取り下げて通常の商売に戻るといういわゆる〝和議の食い逃げ〟という弊害が問題となっていたからだ。容易な申立てによる〝保全処分の取得〟を避けるため、裁判所の申請の受理条件が大変に厳しかったのである。

即ち、裁判所に受理させるためには、債権者から「支払いを一時停止して、和議手続による会社再建に同意する」という〝同意書〟[2]の取り付けが必要となっていた。この同意書が無ければ、裁判所は和議の申立てを受付けてくれない。そうは言っても、そう簡単に債権者は〝同意書〟に署名してくれなかった。それはそうだろう。いきなり会社は倒産しそうだ。だから債権カットとなる和議手続をする。貴社の債権は大幅にカットして欲しいと説明して、ハイわかりましたという債権者はどれ程いるだろうか。大半の債権者が、「冗談じゃない、そんな同意書に署名なんかできない」と門前払いを下されるのがおちであった。門前払いするどころか、今すぐ全額支払えと怒鳴られることも多かった。しかし、W社長のみならず幹部は頭を下げ、時には土下座をして粘り強くお願いして回った。すると、「今までと同じ条件という訳にはいかないが、材料を入れてあげる。「同意書」を貸してみな。署名しておいてあげるから」。情の厚いW氏に恩義を感じている取引先がたくさんいた。前述したW社長の熱きハートを持った情に厚い人柄によるところが大であった。

▼大手総合商社とのバトル

裁判所が最も関心をいだいていたのは、材料の大口取引先であり、日本を代表する大手商社から〝同意書〟が取れるかどうかであった。なぜなら、この大手仕入先である大手商社に見限られたら、材料の仕入れが困難となり、W社の〝事業の見通し〟は大変に厳しくなってしまうからである。まさにW社の〝再建の鍵〟を握るのがこの大手商社Nであった。

私は単身、その大手商社の資材仕入れ担当部長に面会を申し入れた。資材担当部長に「この同意書に判を押してくれませんか？」と陳情した。資材担当部長は、W社が裁判所の手続に来るということで、この案件は審査部が関与することになったと回答された。

私は、資材担当部長と共に審査部に通され、大きな会議室で一人待っていた。

およそ一〇名前後の審査部や資材部の方が会議室に現れた。私は当時三七歳であったから会議室に現れた商社の方々は、皆私より年上の四〇代・五〇代の方々であった。

こちらは一人、相手は一〇人。一〇人の商社マンは、頑として首を縦に振らない。一〇人の商社マンは口々に「先生は何期だい？　弁護士九年目、若いね」「うちの弁護士先生は、W社はもうダメだと言っている」「自分の会社だけ助かって、債権者を泣かすのは〝計画倒産〟ではないのか」「これまでも〝和議〟という手続をとった取引先がいたが、どれもうまくいったためしは一度もない。和議は〝詐欺〟だ」

口々に、W社の再生は絵空事だ。私みたいな経験の浅い弁護士に何ができるの？　計画倒産だ、詐欺だと言った口調であった。明らかに和議に対する悪感情がみてとれた。

しかし、当時の私にも〝和議〟手続で倒産の淵にある会社を何件も救済した実例を有していて、少なからず自負があったから、〝和議は詐欺だ〟という言葉は許せなかった。

若かった私は、顔を真っ赤にして食い下がった。

「私は、商社マンというのは誰もが手を出さないような人跡未踏の地に入って商いを掘り起こし、商いを繋げるのが〝使命〟だと思っている。今のW社はまさに沈没しようとしている船と同じだ。絶体絶命のピンチにいるW社の救済をして〝商いを繋げる〟ことこそ〝商社マンの魂〟なのではないか!!」

「皆さんが、ここで判子を押さないと従業員やそのご家族・取引先の方々総勢一〇〇人以上が路頭に迷うことになる。あなた達の判子一つで社員やそのご家族、子供達、取引先多くの方々の生活を守り、救うことができる。どうか天下の総合商社であるN社が、ここで〝倒産の引き金〟をひかないで欲しい。殺すならば半年後に開催される債権者集会で反対票を投じればいい。その半年間のうちに確かにダメになるかもしれないが、今度は和議手続で多くの会社を再建した経験がある私がついている。簡単にはダメにはさせない。半年間で立ち直るかもしれない。万が一、半年間でダメになるようだったら、私の方できっちり処理する。切腹するときはする。どうか再建実績のある弁護士関与の再建に一回だけでも時間を与えて欲しい。万一、和議が成立すれば、W社は八〇%を支払うと言っている。ここで倒産したらお宅らだって一%の回収しかできない」

私はさらに〝具体的配当見込み〟と〝その根拠〟を付け加えた。

▼Y審査部長の〝私の一存で〟

侃々諤々の議論が四時間程続いた。私も判子をもらわないで引き下がるわけにはいかない。私の肩には、一〇〇人以上の人間の生活がかかっていたからだ。そして四時間が経過した時、今まで黙って聞いていた審査部長が立ち上がった。皆がダメだと制止する中、「私の一存で」と判子を取り出した。その後、審査部長は、この時の議論を振り返って、W社長に「あの時の村松弁護士は、人間としての熱意が脈々と流れていた」と語ってくれた。赤い血が流れる同じ人間同士、その思いは伝わるものだ。都心のその総合大手商社を出たのは、夜中の一二時を回った午前一時だった。月夜に照らされた深夜の街角に出ると、疲れがどっと出て、歩くのもままならない。目についた緑の公衆電話に飛びつき一〇円玉を入れる。「取りました!!」と告げると、電話の向こうでは会社幹部の役員が「万歳!!」と歓声を上げている声が電話機越しでもハッキリわかった。手形の決済日の二日前であった。

〝我も人なら、彼も人なり〟

本田宗一郎

▼債権者の反感感情

Xデーの Z年九月二七日、裁判所は、私達の和議手続開始申立てを〝受理〟してくれた。重き扉が開いた瞬間であった。

しかし、本当の再建はこれからである。半年後に開かれる債権者集会で債権者の三分の二以上の[3]賛成を得なければならないからである。W社が船出したとはいえ、債権者は皆、疑心暗鬼であったし、売上金が支払われないと怒り心頭の方々が大半だった。〝知らざるを憂う〟という債権者心理を心に刻み、W社役員幹部らにできる限り多くの債権者を回って月々の業務報告を〝正直に〟するように指示した。業績が悪化するとそれを隠したがる経営者がいるが、それは逆であり、信頼関係を損なう。悪い情報でも勇気を出して伝える程相手との信頼関係が強まるものだ。初めのうちは出向いても会ってもくれなかった債権者が、断られても、断られても二度、三度と出向くうちに話を聞いてくれるようになった。〝社長は会社の鏡〟と言うが、W社の役員幹部は驚くほど粘り腰であった。少しずつではあるが、債権者との溝は埋まっていったように感じた。

▼資金繰り問題

もう一つW社の難題を解決しなければならなかった。和議を申請したW社に当然ではあるが、運転資金を融資してくれる金融機関はない。ただ、W社はコンスタントに毎月一億円を超す売上金があったから、この売上金の範囲内で商いをすればよい。なぜなら、申請前の取引先への支払いや銀行借入金の支払いがいずれも棚上げとなっているだけでなく商品在庫も一カ月分程はあった。一種の無借金状態＋仕入れ資金一カ月分の手持ち状態となっていたからだ。

そうは言っても、営業努力で新たに取得した利益率の高い特注の仕事などに〝特別出費〟が先行することがある。せっかく営業マンが苦労して獲得してきた注文を手許の導入資金がないがためにキャンセルすることは〝商品ロス〟として避けたい。W社長は、恥も外聞もなく、新規の借入れを親戚や知人に頼み込んだ。もちろん、〝申請後の借入れ〟は和議手続時代でも、〝共益債権〟となり、法律上は一般の和議債権以上に優遇されることになっているが、誰も貸してはくれなかった。

▼机の上に置かれた一〇〇万円の札束

そんなある日、W社長が朝出社すると、封筒に入った一〇〇万円の札束が机の上に置いてあるではないか。それも一度や二度ではない。社員達がW社長の窮状を見かねて、自分の貯金をおろして置いていてくれたのだ。和議という嵐の真っただ中に入る会社に対してである。W社長は、その封筒を手に取り身を震わせて涙した。あれ程年々右肩上がりの売上高に固執し、そのために車両を増やしていったようなアクセルを踏み続けた経営を改め、逆にブレーキを踏み、車両台数を削減し、関連会社を閉鎖し、自身の役員報酬や交際費等徹底した〝コストカット〟を断行した。しかし、その中でもW社長は、人員整理、即ち解雇だけはしなかった。給料の遅配もしなかった。なぜなら、W社は人が「財産」の会社だったからだ。そして、その人には家庭があり、自分が幼き時のあの惨めな苦しさを社員やその家族には味合わせたくなかったからだ。

〝涙とともにパンを食べた者でなければ、人生の本当の味はわからない〟

ゲーテ

〝社員は家族だ。仕事がないなら探せばよい。安易に仲間をクビにして残った者だけで生き延びようとするのは卑怯者の選ぶ道だ。みんなで精一杯やって、それでも食っていけなくなったら、みんな一緒に乞食になろうじゃないか〟

出光佐三

▼ヤクザ登場

この時代は〝倒産現場〟には〝事件屋〟〝整理屋〟の類が跋扈《ばっこ》していた。倒産弁護士も命がけだ。W社にもその輩《やから》がやってきた。

和議申請当初は、様々な嫌がらせの電話があり、中にはある取引先から債権を譲り受けたと称する○○組との名刺を用意した〝取立屋〟が現れた。社員達は、皆〝支払いが出来ないのだから怒鳴られても仕方がない〟とビクビクしていた。W社長が相手をしようとしたが、私はそれを制して、「ここはW社長が出ない方がいいでしょう。あなたは〝当事者〟です。無理な約束をさせられると、かえってややこしいことになりますから」

私がその〝取立屋〟と対峙することになった。

「弁護士の村松ですが、要件は何か」

丸坊主で大柄なその取立屋は睨みを利かせて言った。私が若いので恫喝すれば何とかなるとでも思っていたようだ。

「うちの債権だけは払ってもらいたい。材料を収めてお金を払わないのはおかしいだろう。うちには気性の荒い者がたくさんいる。お宅の商売を潰すこともできる。あんた弁護士さんだろう。貸した金は返すのが当たり前だろう!!」

「W社の倒産はあんたが提案したのか? W社の倒産は〝計画倒産〟ではないのか!! 弁護士がそんな仕事をして許されると思っているのか」

「W社は倒産したわけではない、払わないと言っているのではない。和議計画の中で支払う。ただ、今は裁判所の中で債権の調査中だから、法律上今払う訳にはいかない。しばらく待ってもらいたい。ここで脅して回収しようとするのは犯罪行為だ」

私は和議法の細かな条文を言って法律論を展開した。法律の土俵ならこっちが専門家で有利となるからだ。

当時の私も三七歳と若かったから、相手の威嚇に臆することなく、私も大声で対応した。いささか冷静さに欠けていたようだ。しかし、W社が裁判所の中に入り、弁護士が出て来て、それも倒産事件に相当に詳しい弁護士だったから、脅しても一円も出ないとわかると、

〝取立屋〟は〝弁護士先生よ、月夜の晩ばかりではないからな、夜道は気をつけて歩きな!!〟と捨てゼリフを残して引き下がっていった。

▼地元新聞社へのクレーム

和議申請後の翌日、地元新聞社に〝W社倒産〟との〝見出し〟で和議申請の記事が掲載された。その〝見出し〟を見て、W社長は怒った。W社長は私と一緒にその新聞社に乗り込み、「今必死で再建しようとしている会社をなぜ〝倒産〟と名指しするのか。世間の人は、皆W社が倒産した＝事業を停止したと思うではないか。当社でお世話になっている村松先生も和議は再建のための手続で、事業を停止する〝倒産〟ではないと言っている」と食い下がった。私も援護射撃として、「その新聞社の取材に〝倒産〟という概念はいかがなものか。会社更生法や和議法での立ち直った会社はいくらでもある。世間のイメージは、〝倒産〟という言葉は、事業停止＝破産を連想させる。公正な立場の新聞社の記事が、救済を受けようと懸命に暗い海を泳いでいる従業員や取引先を、逆に暗い海の底に落とすような、足を引っ張るような記事は控えて欲しい。あなた方の記事が、従業員やそのご家族は一〇〇人以上に及ぶ彼らの生活を脅かすことを考えてみて欲しい」

後日、その新聞社は、W社の再建に懸ける記事を大きく掲載した。『噂に打ち勝つ力を』との見出しを付けて。

その当時、和議や会社更生法等の再建型法的手続でも、マスコミは一律に「倒産」と名指ししていた。信用を重んじる企業としては、新聞等のマスコミで「倒産」と名指しされると、商売を控えるのが常である。私は「法的再建手続」から裁判所を活用しない〝私的再建手続〟へ軸足を移していくきっかけとなった事件でもあった。

▼債権者集会

和議手続開始申立てを受理された半年後の二月二六日。

裁判所での債権者集会当日。

「和議条件」は、全ての債権を二割カットし、残り八割を八年かけて返済するという内容である。

書記官が、債権者の投票結果を集計する。約五分の休憩時間が一時間のように長く感じられた。私は天井を見上げ、これまでのW社に起こった様々な出来事を思い起こしていた。隣に座っているW社長は目を瞑って下を向いていた。

「集計結果を発表します……」

すると、なんと債権者全員が一〇〇%の同意で賛成してくれた。当時のその裁判所でも一〇〇%の同意というのはなかったそうで、お礼に裁判官室に伺った時、裁判官も大変に喜んでおられたことが、昨日のことのようである。

その後、W社の売上高は五〇億円を超え、従業員も和議前の従業員五〇人を維持していた。あの巨額の資金を投じた一時のその設備資金の重さが会社の経営の足を引っ張っていた。〝親不孝者〟であったその最新鋭の生コンプラント設備は、今では逆に〝孝行息子〟としての回転で稼働している。

▼最後に

最後に、このW社の再建劇の立役者の一人である、かの大手総合商社のY審査部長が、私が一九九四年六月に商事法務研究会から『ドキュメント複合的和議』という本を上梓した時に〝推薦文〟を書いてくれた。彼の遺稿となった、その推薦文を再録してこの項の終わりとする。W社長も、Y審査部長も、きっと天国で好きなお酒を飲んで歌でも歌っていることだろう。

○本書を推薦する

「企業倒産」は、私ども実務家の立場に立つ者にとって、いまさら改めていうまでもなく悲惨な出来事である。経営者、従業員、債権者、それぞれ立場は違っていても、結果は一様に悲劇である。永年努力し築き上げてきた全てのものが、水泡に帰してしまうことになりかねないのである。再建型の倒産処理にせよ、清算型の倒産処理にせよ、利害関係者にとっては、程度の差はあるにせよ、間違いなく損失を覚悟しなくてはならない。この損失負担を利害関係者に納得させうるものがあるか否かが、倒産処理の巧拙の分岐点といっても過言ではなかろう。

村松弁護士は、会社更生事件の第一人者である清水直弁護士の下で薫陶を受けた新進気鋭の弁護士である。同弁護士の活躍は、単に弁護士としての事件を処理することにとどまらず、企業倒産を防ぐための講演、執筆、相談と幅広い領域に及んでいる。その根底には、法律家として生きることよりも、企業倒産の悲惨な事態を少しでも減らしていきたいという、人間としての熱意が脈々として流れている。事業家として生きた父親譲りの血がそうさせたのか、清水直弁護士門下での弁護士としてのスタートがそうさせたのか、いずれにしても人間を生かしてこそ「事は成る」との精神は、私どもに清々しい印象を与える。現代の殺伐とした時代においては、時流にあった対応の仕方ではないかもしれないが、誰もが共感を覚えるに違いない。

この本には、村松弁護士の願いが随所に顔を出している。行き詰まった経営者、苦労を避けようとする従業員、自分だけ得をしようとする債権者。それぞれの立場では正当と思える動きを「企業を生かす」「人を生かす」という立場からプロとしての法律知識を駆使し説得していく展開は、従来の倒産に関する書物にはない読みごたえがある。関係者に暖かい視線を注ぎながら、現場を大事にし、プロとしての知識・技能を駆使して「事を成し遂げる」醍醐味を十二分に堪能させてくれる。もちろん、倒産に関する知識だけを吸収したいという人にも、具体的事例を挙げながら、判例・条文を引きつつ、専門家としての解説・説明が十二分になされている。

とはいえ、この本の最大の特徴は、何といっても、一つ一つの倒産に関する知識がいかに高度なものであっても、基本的に人間を生かすという誠意ある視座がなければ「事を成す」ことは難しいということを教えてくれることである。倒産手続に関する本はもともと無味乾燥で面白くないといわれるが、この本はきっとその常識を破って読者を魅了し、もっと勉強する意欲を持たせてくれることを確信している。私ども実務家にとっても、臨場感のある説明と解説は、待望していた力強い味方の出現であり、いつも手元に置いておきたい本となることを請け合ってもよい。

平成六年初春

N株式会社　審査参与部長　Y

本稿を、W社長、Y審査部長に捧ぐ。

第2　突然の訃報

東北のある地での思い出のアルバム

体験記10

[事案]

業績低迷のため販売不振に陥ったところ、新工場を建設した借入金が重石となり、金融機関には約定通りの返済を続けたため、資金繰りが急激に悪化し、資金ショート寸前で当事務所に相談に来所。

▼春のお彼岸

「暑さ寒さも彼岸まで」の言葉が思い出される〝春のお彼岸〟の季節がやってきた。殺風景なモノクロ写真のような墓地墓石がこの時期ばかりは赤や黄色の花が活けられ、故人との昔話に花が咲く。

ところで、「彼岸」とは、簡単に言うと、「悟りの世界」のことである。即ち、煩悩や迷い・不安で悩む現世である〝此岸〟にある者が、「六波羅蜜」の修行をして、「悟りの境地」＝彼岸へ到達することができるというものである。

この「六波羅蜜」の六つの〝修行〟の中で私が心掛けているのは〝忍辱〟即ち、苦しみ・辱めにも〝慈悲〟の心を持ち続け乗り越えていく〝強く挫けない心〟を持つということだ。若き時は、頭を下げ再建を請う経営者を頭ごなしに叱りつけて、会社を倒産に追い込んだ金融機関を憎々しく思えたこともあった。年を重ねた今は、そうせざるを得ない境遇の中のその心の中に〝申し訳なさ〟を感じ、自責の念に悩む金融マンの心境を察する時、〝一体誰が悪いのか〟ではなく、互いに善人の世の中での倒産事象にこの世の無常・不合理を感じ、ただただ深いため息とやるせなさを感じざるを得ないこの頃である。

この〝春のお彼岸〟の私のイメージはというと、川岸に一面黄色い花で咲き乱れる菜の花畑が広がる田園の小川のせせらぎが春の光に眩しく輝く、そんなのどかなひと時の一場面を想像してしまう。これまでに〝縁〟あって親しかった亡き人たちが、そんな場所で少し早い春のお花見の宴席で、少し顔を赤らめた〝笑顔〟でいてくれることを願ってやまない。そして、今年の春の天国でのお彼岸の宴席には、〝昨年亡くなった顧問先の社長〟も参加し、笑顔で酒を飲んでいて欲しいとの思いで、今年もまた娘の眠るお墓にピンクと黄色の花束を抱えて娘に会いに行った。

▼涙雨

二月某日、東京から遠く離れた東北のその地に行くために、私とY弁護士は東京駅から新幹線に乗り込んだ。暫しの車中の時間は記録に目を通し、その後に新幹線の車窓から眺める田園や山々の山間部はいつの間にか真っ白な雪帽子に覆われていた。全てを包み、覆い隠してしまうこの白き雪の遠く先を私は重い気持ちでただ見つめていた。間もなくして私たちはその地に着いた。改札には齢八〇をとうに超えている年老いた会長が待っていてくれた。いつも会長と並んで立っていた社長の姿は当然だがなかったが、私には会長の横でいつもように笑顔で私達を迎えてくれる社長の姿が見えるようだった。

改札を過ぎて駐車場に向かう途中、雪はいつの間にか〝涙雨〟に変わっていた。

「先生、遠い所、また、足元の悪い中どうもありがとうございます」

「途中の雪景色から察すると、街中はもっと雪が多いと思っていましたが、意外と雪が少ないですね」

「先生が来るっていうんで、天国から雨を降らせて雪をどかせてくれたんではないかな」

そんな会話を会長と交わしながら降りしきる雨の中、駐車場に待たせていた車に乗り込みアポイントを取っていた金融機関へ向かった。

▼第二回バンクミーティング

話しは二〇一七年の五月に遡る。私は、その会社の再建に向けての「第二回バンクミーティング」を開催した。この時は、会社の本当の資産・負債の姿を見るために専門家たる公認会計士による「資産査定」（資産DD）の報告と、会社が将来的にも利益を生み出す事業性が読み取れるか、更には会社の強み（Strength）・弱み（Weakness）・機会（Opportunity）・脅威（Threat）の視点から見たいわゆる〝SWOT分析〟を示した「事業DD」の報告をするため、我々弁護士に加え、A公認会計士・K中小企業診断士の各専門家による報告会を開催した。ミーティング会場に来席した各金融機関は、各々その報告書を確認し、理解と納得を示してくれた。専門家による数値・事業性の見通しがはっきりしたことからなのか、報告会は終始和やかな雰囲気の中で行われた。〝バンクミーティング〟というと殺伐とした雰囲気の中、対立的に行われると思われがちであるが、我々が行うバンクミーティングは、比較的穏やかに行われることが多い。なぜなら、「等しかざるを憂う、知らざるを憂う」という〝債権者心理〟に十分に配慮した説明をしているからだ。

このミーティングの最後に、我々は三カ月後の八月の中旬頃までには、「第三回バンクミーティング」を開催し、会社の事業計画（経営改善計画）、並びに具体的な返済計画を発表するとして第二回バンクミーティングを終了した。

▼弁護士である私の流儀

私が思い描く最適・最良の事業再生とは、会社の窮境の状況にもよるが、収益力が乏しい会社で、〝債務償還年数〟が五〇年を超えるような〝過剰債務〟に苦しんでいるような会社であるならば、再建の専門家である私から見て末期的症状の会社であれば再びの窮境に陥ることが無きよう、そして、永続的に会社が続けられるように単にその場しのぎの〝対処療法的〟な返済条件の変更（リ・スケジュール）ではなく、〝根本治療〟である「抜本的な事業再生」、換言すれば会社の利益体質を蝕む〝過剰債務〟の強制切除等の外科手術により、健全な体質の会社へと生まれ変わらせてこそ、その会社を取り巻く全ての利害関係人、即ち経営者はもちろんのこと、従業員、そのご家族、取引先の生活を守り、そして金融機関の目的である〝債権回収の極大化〟を図り、誰にも〝幸せ〟をもたらすことを、私は三五年の再建弁護士生活の中で実証し、経験しているからだ。

そして最近の傾向は、私が実践する事実上の債権カットを含む〝抜本再生〟には、私が指導する〝純粋私的整理〟でなく、中小企業再生支援協議会等の公的機関が関与する、いわゆる〝準則型私的整理〟で行って欲しいと債権カットの対象となる金融機関から要請されることが一般的となっている。

私としては、こう言っては何だが、中小企業再生支援協議会のメンバーの方々以上に、民事再生や会社更生等の法的手続をこれまで数多く経験し、いくつもの修羅場を潜り、崖っぷちの会社を数多く再建してきたという〝結果〟を出しており、法的手続と同様に、或いはそれ以上に〝公正〟〝衡平〟〝履行確実性〟〝透明性〟を重視し、〝倒産の本質〟を知り尽くしている〝弁護士〟としての〝私〟が指導するのだから、〝弁護士としての私〟が関与する〝私的再建〟には、格別支援協議会の関与は不要との〝自負〟はある。

▼地元の中小企業再生支援協議会への挨拶

ただ、組織である金融機関は実質を知る一〝私人〟の私でなく無税償却という〝税務面〟並びに株主代表訴訟という〝法務面〟の両面からも〝公的機関〟の関与、いわゆる〝お墨付き〟が必要なのかもしれない。若い時の私は、金融機関のそんな要請に反発していたが六五歳になろうとするこの年齢になってからは、金融機関の担当者のお気持ちもよく分かるので、当該再生会社の所在地の地元の中小企業再生支援協議会に顔を出し、〝仲良し〟となって再建談議に花を咲かせることが多くなっている。そんな訳で、この東北の彼の地の中小企業再生支援協議会にもバンクミーティングや銀行回り後は必ず立ち寄り、当該会社の現状のみならず、日本全国での再建事案のトピック的な話をしたりして、私としては楽しい時間を過ごさせていただいている（対応する中小企業再生支援協議会の皆さんには、わざわざ東京から彼の地まで口うるさい〝厄介者〟がやって来てご迷惑かもしれないが……）。

▼慰労の宴席

中小企業再生支援協議会への挨拶が終わったのが午後五時を過ぎていた。第二回バンクミーティングも平穏に終わり、金融機関の反応もまずまずの感触であったので、我々はそのまま夕食の場所に移動した。その場所は、地元で一〇〇年以上続く酒蔵を持った居酒屋で、我々弁護団、公認会計士、中小企業診断士、会長、その息子である社長の六名で杯を酌み交わし、美味しい地元の郷土料理で東京から来た私達を歓迎してくれた。いつも思うのだが、東北の方々は雪の寒さ、厳しさを知っているだけにどうしてこうも〝心が温かい〟のだろう。その社長は、会社の未来を熱く語り、その父親である会長は社長の笑顔を父親らしく温かな眼差しで見つめていた。その社長は、今日のミーティングを開催するまでの張りつめていた気持ちが揺らぎ、ほっとしたのか饒舌に語り、お酒も美味しそうに飲み干していた。夜も遅くなり、宴も終盤に差し掛かる頃、その酒蔵でその時にしか出ない特別なお酒で、五五番の品番を印刷したラベルの酒を頼み、「先生、確か先生は五月五日生まれでしたよね。この五五番の酒造番号の酒は、私が先生の為に特別に頼んでおいたものです。ぜひ飲んでください」

まさに弁護士冥利に尽きる美味い酒を飲み干させてもらった。

「先生、このあともう一軒行きましょう」

さすがにこの酒席で美味しいお酒を堪能しすぎた私は、社長の誘いを断り、私と老齢の会長はこの酒席を終え、それぞれ帰路についた。

若いY弁護士と公認会計士、中小企業診断士の先生方は気分晴れやかな社長とともに彼の地の赤い灯、青い灯の灯る夜の街に流れ、社長馴染みのスナックでカラオケをはしごしたそうだ。

翌日、私達は彼の地を離れ東京に戻った。さすがこの年になると深酒は体に残る。新幹線の車中は昨日の酒が残り、ほとんど昏睡状態であった。

東北の彼の地の会社は、資金繰りも安定していて全く問題がなかったので、頭の片隅にある位で、東北の彼の地から帰った私は、相変わらず他の重篤な会社の再建事案に奔走していた。

▼あまりに突然の訃報

庭の紫陽花の紫色が目に眩しい六月のある日、一本の電話が東北の彼の地からかかってきた。

「そんなばかな!!」

私は絶句した。あの酒席から一カ月位しか経っていない時だった。件の会社の社長が自ら命を絶った。

朝、誰よりも早く会社にやって来て、電気を付け、暖を入れ、掃除をする会長が息子たる社長の死を発見した。あの酒の席ではあんなに楽しそうに飲み、且つ、語り、若い先生方を引き連れて嬉しそうにスナックをはしごする勢いの社長がだ。私も頭が真っ白となった。後で聞いたところによると、我々が実践しようとしていた〝抜本再生〟の実践として「会社分割による第二会社方式」で本来の債権を大幅にカットして、収益性の乏しい会社の価値に見合う相当額のみを新会社に引き継ぐ〝スキーム〟を策定したが、新会社に持っていく金融負債の額が会社の価値（ＥＶ）相当額では、まだまだ重たいのではと社長が不安視していたという。社長の心中を察することができなかった自分を悔いた。

しかし、いくら社長でも〝自死〟を賛辞することはできない。生きることは〝権利〟などではない。人はどんなに辛いことがあっても生きなければならない。生きることは〝義務〟なのだ。だから死ぬ〝権利〟などはない。残された者の悲しみ・悲嘆を考えた時、自分の命は自分だけのものではないはずだ。どうせ人間はいつかは死ぬ。人生は死亡率一〇〇％なのだから。どんなに苦しくても生きていかなければならない。そして、人間は生まれたところにまた帰っていくのが人生なのだ。

▼親たる会長の心中

〝親思う　心に勝る　親心　今日のおとずれ　何ときくらん[4]〟

（子どもが親を思う以上に親は子供のことを思っているものだ）

吉田松陰

▼逆縁

しかしその時は、むしろ親たる会長の心中の方を思い描いた。〝子を亡くした親の心中〟

は察するに余りあるからだ。私も一八年前、一五歳と九カ月になる娘を亡くした。一八年経った今でも一八年前の娘の姿、しぐさははっきりと瞼に焼き付いている。会いたいと思わない日は一日もないが、さすがに時間の経過で会えない寂しさは彼女との心の会話で昇華している。だから、この時は会長の身が心配だった。少々長く生きすぎたことで子供の骨を拾うことになってしまったことの悔悟の情は痛いほどわかる。私は仕事柄、関係者の葬儀に呼ばれることが多い。父親・母親の葬儀に際し、悲しみに打ちひしがれている子供達に掛ける言葉は、「お父さん、お母さんは子供であるあなた達に見送られてとても〝幸せ〟だったと思いますよ。子供の骨を拾う親の地獄の苦しみに比べれば、親に自分の骨を拾わせなかったことだけでも何よりもの〝親孝行〟なのですよ」

親にしてみれば、子供に自分の骨を拾ってもらう、子供に見送ってもらうことは何よりも〝幸せ〟なことなのだ。

しかし、今回はそうではない。〝逆縁〟ほど辛いことはない。私とY弁護士は四十九日の法要が終わり、会長の心の整理がつく頃を見計らって、東北の夏の彼の地を訪れた。蝉の声がやけに耳につく暑い夏の日だった。社長の仏前に手を合わせた。老齢の会長と同じく老齢のお母さんは、見た目には気丈にふるまっていたが、その心を読み取るとかける言葉は見つからない。〝ただ我黙って寄り添う〟それだけでどんなにか心安らぐかは私が一番よく知っている。

▼金融機関に社長の死の〝真相〟を伝えた

私達弁護団は、八月には事業再生計画を提出する予定であったが、事はそんな状況ではない。そんなことはもうどうでもいい。お金や事業よりも最も大事な〝人の命〟が失われたとの意味を、もう一度全ての金融機関に共通に認識してもらいたかった。私達弁護団は夏のある日、金融機関を訪問し社長の死の〝真実〟を伝えた。会社からは、不慮の病死と伝え聞いていた金融機関の方々も社長の死の〝真相〟を知り、皆言葉を失った。当然だが金などに執着する人はいなかった。人の命とはそれ程尊いものなのだ。人の命をなおざりにして、上辺だけの会社の再建を進める程私は軽薄ではないつもりだ。事業再生の要である〝人〟・〝物〟・〝金〟のうち、最も重要な〝人〟の問題の解決が全く見えなかった。件の社長に代わりうる人材が果たして会社にいるだろうか。それよりも親たる会長自身が息子亡き会社を継続したい、再建したいと考えるだろうか。否、そもそも人として残りの人生を生きていく〝気力〟が〝生気〟が会長に残っているのだろうか。よそ者である我々弁護団が「会長、元気出して会社を再建しましょう!!」等とは口が裂けても言えるものではなかった。

▼時の経過の大切さ――会長からの久方ぶりの連絡

本件では〝暫しのための時の経過〟が何よりも必要であった。私達弁護団は、親たる会長の気持ちを何よりも最優先することとした。東北のかの地の金融機関も、皆、人の心を持った優しき人達だった。会長の気持ちを察し、暫しの時の経過を見守ってくれた。東北地方に秋が来て、また寒い雪の冬が来た。喪中のはがきが届く。やるせなさで胸がいっぱいになった。そして新しい年を迎えた一月の終わり、久方ぶりに会長から連絡が入った。

「もっす〜もっす〜いや〜、会長ですた」との〝方言〟が元気さを表していた（以下、標準語とする）。

「社長と同世代の二十数年来会社で技術指導している人物が〝社長〟として会社を引っ張っていってくれるよう頼んでみたので、先生、一度その人物と会ってくれませんか？」

年老いた会長は、もう一度息子のためにも人生最後の気力をかけてみたいと話してくれた。

二月某日、私とY弁護士は新幹線に乗り、再び東北の彼の地に向かった。

我々弁護団は、会長とともに東北の彼の地で社長候補者に会った。会社の現状と金融機関の動向を説明し、「従業員やそのご家族の生活を守るため、取引先に迷惑をかけないためにも、あなたの力を貸してくれないか。一肌脱いでくれないか」と頼んだ。件の社長候補者はまだ迷っていた。

「従業員は真面目に働いています。今年入ったばかりの者もいます。だから従業員のためにも会社を残したいと思います。ただ、社長になると会社の借金の〝保証人〟にならんといかんのでは？」

「確かに、金融機関から保証人になってくれと言われるかもしれませんが、我々弁護団がきっぱりお断りします。阻止します。自分が作った借金でもないのに保証等する必要はどこにもありませんよ」

「そんなことできるんですか？」

「あなたの不安な気持ちはよくわかります。私達があなたを守るから、どんなことをしても守るから安心して欲しい」

「先生、もう少し考えさせてくれないかな」

社長候補の方は、我々に会って〝安心〟したのか社長になって会社をリードすることを前向きに考えることを我々に約束してくれた。ただ、それでももう少し時間が欲しいと。

▼再びの金融機関回り

社長候補者と面談後、雨の降りしきる中、金融機関を回った。

「金融機関を訪れるのは昨年の夏以降になります。本件については〝時間〟が必要だったことはご理解してくれますね。本日は良い知らせで来ました。社長が亡くなった以降は、会社の動向を注視していました。社長の突然の死が会社の売上に相当なるダメージを与えることは十分に予想されました。社長自身が営業マンであり、売上の二割位を担っていたからです。それ以上に社員の士気・モチベーションがどうなるかを見極める必要があったからです。統計的・形式的に会社の事業計画を作るのは簡単です。しかし、何よりも大事な〝人〟の問題が解決しなければ、そんな事業計画は〝絵に描いた餅〟に等しいでしょう。去年の夏以降、この二月まで会社の動向を見ていましたが、今般、社長に代わりうる人材の協力が得られる見通しが出てきました。何よりも会社を知っている創業者たる会長も再び会社を続ける気力を持ち始めたことも伺いました。そこで、事業計画を推進してくれる舵取り役の〝人〟の問題が解決できれば、春過ぎの六月頃には実行可能な事業計画を提出できる体制が整ったことを今回は報告できそうなので、その旨お知らせに来ました」

金融機関の方々も、会社に生気が戻り、社内でのモチベーションも再び活気が戻ったことを好意的に受け入れてくれた。何よりも会社の事業計画を推進してくれる〝船長〟が見つかりそうであることに、皆安堵していた。

天国の社長から「親父、先生、すまない、ゴメン!!」と言いたげな天からの涙雨であった。

▼東北の人の温かき心——陰膳

その夜、会長と社長候補の方と私とY弁護士の〝四人〟で東北の彼の地の温泉宿に集まった。込み入った話もあるので、夜食会は〝個室〟を取ってもらった。一番から三〇番まで個室の番号がある中、私達が通された個室は、なんと〝二二番〟の部屋であった。きっと天国の娘がこの社長の天国生活では先輩として応援してくれているのだろうと思った。私達の席に付いた旅館の仲居さんが

「初めに何にしますか?」と聞かれ、

「とりあえずビールを」と頼み、ビールを飲み干すと、

「この後は何にしますか？」と尋ねられたので、亡き社長が好きだった〝あの冷酒〟を頼んだ。

「すみません、おちょこは〝五つ〟でお願いします」

仲居さんは怪訝な顔？　をしておちょこを五つ用意して持ってきてくれた。私達は五つのおちょこにお酒をなみなみと注ぎ、一つのおちょこを残し、〝献杯〟と声をあげた。天国の社長も、きっと今日はお父さんの隣に座って、好きだった冷酒を飲み干しているのだろうと思った。その光景が目に見えるようなお父さんの笑顔であった。社長もきっと今は安らかな顔で天国で暮らしているのだろう。宴席が進み、私達は亡き社長の生前の話をして盛り上がっていると、仲居さんが、お膳にご飯とみそ汁とお新香をのせて運んできた。私達は「え、それ注文してないけど……」

すると仲居さんは、「先程、皆さんが〝献杯〟と言っていたのが聞こえたので、きっと大切な方がお亡くなりになったのだと思い〝陰膳〟を用意させていただきました」

東北の人の心の奥深さに我々は感謝とともにとても暖かいものが心の奥の方にすーっと流れたのを感じた。お父さんも目頭を熱くし、私達はシャイで口数の少なかった亡き社長の〝陰膳〟の前で亡き社長の分まで酒を酌み交わしていった。漆黒の夜空から降る外の雨は、〝涙雨〟からいつのまにか白い綺麗な〝淡雪〟となっていた。

私は部屋に戻り、旅館の窓から見る川縁の白雪が、私の心を白く染め、これまでの突然の社長の死に対する〝自責の心のくすみ〟を消してくれたような穏やかな気持ちで、冬の星空以上に美しいひらひらと舞い落ちるその〝淡雪〟がその夜の私を安らかな眠りにつかせてくれた。

私の〝心のアルバム〟にまた一つ悲しくも穏やかな〝思い出〟が増えた、そんな寒き東北での出来事だった。

1▽江戸時代後期の僧侶。辞世の句

2▽現在の民事再生の扱いは、この事前の「同意書の取り付け」は不要となっている。

3▽現在の民事再生手続では過半数と成立要件が緩和されている。

4▽吉田松陰の辞世の句

第8章

私的再建の進め方（実践編）

本章では、実際の再建現場での再建弁護士村松謙一流の「私的再建の進め方」を解説してみたい。

第1　私的再建の進め方

経営不振に陥った会社は利害関係人の利害が複雑に対立する場である。互いに自己の債権の存在を主張している利害関係人らがその主張する権利行使を各々がし始めると悪しき結果を招きかねない。それでは利害関係人らに〝幸福〟をもたらさない。これら利害関係人を納得、理解させ、幸福をもたらすためには〝高度な倫理観〟と会社再建の実績を有する〝弁護士〟[1]しかいない（金銭的要求の強いコンサルやターンアラウンドマネージャーの類は金融機関との交渉の場には出られず[2]、したがって、到底〝説得者〟とはなれないばかりか、彼らの中には会社再建にとってはむしろ〝有害〟となる者も少なからず散在した）。

〝企業再建〟は、例えれば雪山に登山するようなものだ。雪山は死と隣合せだ。だから単に〝ガイドブック〟を渡されていく素人の単独登山は、それこそ死に行くようなものだ。プロの道先案内人（ガイド）に先導してもらい登らなければ生きては帰れない。

▼私的再建と私的整理の違い

なお、「私的再建」は広義の〝私的整理〟の意味であるが、この〝私的整理〟には「私的再建」と「私的清算」が含まれるところ、私は後述のとおり「私的清算」の手続は勧めないので誤解を避けるため本項では〝私的整理〟のうちの〝私的再建〟に絞って解説する。

以下本項では、プロの再建専門弁護士の〝私的再建の手法〟を簡潔に述べるので、その哲学と行動を知って欲しい。

▼私的再建と法的再建の違い

そもそも「私的再建」と「法的再建」の違いがどこにあるか。

〝昔〟は、裁判所を活用するか否かで区分けがなされた。

〝今〟は、「私的再建」とは裁判所の関与しない且つ〝商取引先を取り込まない〟再建と定義されている。

▼現行の扱い

裁判所の関与しないものの公的機関での準則的な私的再建を扱う「私的整理ガイドライン」や「中小企業再生支援協議会」や「事業再生ＡＤＲ」等の扱いも、商取引先を取り込まず、金融債権者とのみの調整を行っている。

これに対して、金融負債と商取引債務を区別するのは〝不平等〟ではないかとの〝批判〟があるが、この〝批判〟はあてはまらない。

なぜなら、憲法一四条にいう〝法の下の平等〟とは〝形式的平等〟ではなく〝実質的平等〟をいうからである。この実質平等の視点から見ると、この批判はあてはまらない。

（理由　その1）

金融機関は〝公共性〟を要し、だからこそ〝免許制〟であり、そもそも中小零細企業とはその〝性格〟が異なる。

（理由　その2）

その〝存在意義〟として〝銀行法一条〟は、

「1　この法律は、銀行の業務の〝公共性〟にかんがみ、信用を維持し、預金者等の保護を確保するとともに金融の円滑を図るため、銀行の業務の健全かつ適切な運営を期し、もつて〝国民経済の健全な発展に資する〟ことを目的とする。

2　この法律の運用に当たつては、銀行の業務の運営についての〝自主的な努力〟を尊重するよう配慮しなければならない。」（強調等は筆者）とうたっており〝金融仲介業務〟を通じて国民経済の中心たる中小企業を支える役回りをその「使命」「目的」とされている。

特に金融庁からも中小企業の資金繰りに支障が生じないよう適切且つ積極的な〝金融仲介

機能〟の発揮に努めるよう「通達」が出されていることは前述したとおりである（三三頁参照）。

（理由　その3）　金融機関と中小零細企業とでは経済力、組織力等〝体力差〟が圧倒的に異なる。

過去に〝貸し渋り、貸し剥がし〟が社会問題化された時、時の公正取引委員会の塩田事務総長は会見で「金融機関貸し渋り等について問題があれば〝独占禁止法〟を使って是正する必要がある」と述べ、監視と抑止の考えを表明した。

（理由　その4）〝商売の構図〟がある。

企業は信用で成り立っている。中小零細の下請先を取り込んで信用不安を惹起し商品供給、流通の流れが止まると会社は潰れてしまう。そうなっては結局金融機関への返済もできなくなる。中小取引先商圏を手続に取り込まずに生かすことは、金融機関に不利益になるどころかむしろ〝金融機関の利益〟となる構図である。

▼私案

現在の「中小企業再生支援協議会」や「事業再生ＡＤＲ」などの公的機関が関与する「私的再建」は商取引債権者を取り込まない私的整理を行っているが、ネックは〝全金融債権者の同意〟を取り付けなければ再建案は成立しないということだ（全員一致）。

一人の債権者の反対でせっかくまとまりかけた事業再生がとん挫しかねない。「破産」に移行することもある。この結果は、社会的・経済的価値を有する会社の喪失はまさに経済的な損失である。この結果は、ルールだから仕方がないと切り捨てていいものだろうか。そこに〝正義〟があるのだろうか。

私的再建にも多数決を取り入れるべきとの意見もあるが所有権等権利不可侵の原則から困難を伴う。

そこで、私的再建手続のように商取引先を取り込まない金融機関だけを取り込むスタイルの〝法的再建手続〟が裁判制度としてあれば活用できるのであるが……。会社の安定継続として一番大切な〝信用不安〟を回避し且つ多数決要件に法的強制力のある「民事再生の過半数理論＋特定調停の債権者選別機能」のミックスのような制度ができればベストであろう。

第2「私的再建」を選択する

〝私的再建の仕組み〟が理解できたところで、ではなぜはじめに〝私的再建〟から検討すべきなのか？

それは、〝信用棄損の回避〟と〝連鎖倒産の回避〟の二つの理由からである。以下、解説する。

「私的再建」を第一義に考える理由

その１　信用棄損の回避

（理由１　近江商人一〇則[3]）

それは、出光興産創業者出光佐三氏のこの言葉に表れている。

「企業は本来会社を構成する人々の〝幸せ〟の増大のためにあるべきであり、そのために大事なことは会社が〝永続〟することである」

この〝永続企業〟となるためには〝近江商人〟が深く関係している。なぜなら「売り手よし、買い手よし、世間よし」の「三方よし」で知られる近江商人の起こした会社は百年以上続く会社が多い。大丸、高島屋、ワコール、ふとんの西川、伊藤忠などである。ちなみに百年以上続く会社の数は日本には二万六〇〇〇社以上あると言われている。世界一位である。二位のドイツは数千社程度であるからいかに日本の企業が〝永続〟〝長生き〟かがよくわかる。

その近江商人が最も大事にしている言葉に〝近江商人一〇則〟がある。その〝近江商人一〇則〟の中の一つに〝資金不足を憂うな、信用の少なさを憂え〟とある。商売は、信用第一、信用は長年の実績と信頼によって作られる。

〝金よりも大切なものに「評判」というものがある。世間で大仕事をなすのにこれほど大事なものはない。金なんぞは「評判」のあるところに自然に集まってくるさ〟

坂本龍馬

（理由２）

孫子の兵法にも「百戦百勝は善の善なるものに非ず。戦わずして人の兵を屈するは善の善なるものなり」（大軍を動かすのにかかる膨大な費用と死傷者の加わる不経済を考えるなら、戦って勝つということは戦わないで相手を屈服させることにはるかに及ばない。戦いは勝つべきであるが、戦わないで済むことが一番良い）とある。

これを「私的再建」と「法的再建」に例え、比べるならば〝法的再建〟は善の善なるものにあらず、〝私的再建〟が善の善なるものと言える。

なぜなら「私的再建手続」は、金融機関の〝守秘義務〟（銀行秘密）から〝金融機関とのみの秘密交渉〟で商取引先を取り込まず、会社の永続に最も必要な〝信用維持〟に加え、連鎖倒産の回避等〝商取引先の保護〟にもつながるからだ。〝会社の莫大な損失・疲弊〟も免れる。これにより会社の信用取引が継続され、ひいては金融機関への収益弁済の強化につながる。

これに対し、「法的再建手続」では経営危機の発現たる民事再生の申立て等を裁判所から全利害関係人に一斉に発信するため「経営危機」が全債権者＝社会にその知るところとなり、その結果〝信用〟が一瞬にして崩壊する。契約解除等の法的リスク、現金取引の要請による資金流出等の顕在化等である。まさに〝三年築城一日落城〟である。

「私的再建」を第一義に考える理由

その２　連鎖倒産の回避

確かに裁判所での法的再建手続である「民事再生手続」や「会社更生手続」は裁判所や法律による強力な拘束力及び信用力により多くの当該会社は健全な会社に立ち直っていることは事実であり、私も多数の体験をしてきた。

しかし、その反面、多くの取引先が「連鎖倒産」していることも事実だ。

私が関与したあるゼネコンの「会社更生手続」でも「更生会社からの支払いがないと従業員たちの給料が払えない!!」と泣きつかれたが、残念ながら法律で支払いを禁止されていたので支払いができず、その会社は連鎖倒産（破産）した。「助けてくれ!!」と舟べりに手をかけているその手を無理やり振りほどき、暗い海の底に沈んでいく会社をたくさん見てきた。

裁判所に救済を申し込んだ私の担当する会社だけが助かればそれでいいのか!!

自問自答に苦しみ、悔やんだ日々があった。

だから、私の再建はできる限り、力の弱い中小零細企業を巻き込まない、できる限り影響の少ない方法の再建、即ち「私的再建」を第一義にやっていこうと決めたのだ。

▼結論

以上の理由からも〝賢者の選択〟としては「私的再建」をまず検討し、それがダメな場合のみ「民事再生」等の法的再建手続を選択すべきである。

▼私的清算（任意清算）は勧められない

なお、「特定調停」などの準則的な私的手続での廃業支援等であるならまだしも、準則的私的整理手続を使わないいわゆる「純粋型の私的整理の中での私的清算（任意清算）」をすることはやめた方がよい。

（理由）

なぜなら、会社の事業停止後若しくは支払停止後の財産の保管・換価については、その〝財産の散逸〟や〝商品在庫等の換価額の適正性・公正性〟や〝現預金の減少〟等について、「公正、衡平なる処分なのか?」等後から債権者や破産管財人から説明を求められ、「否認」や「詐害行為」等〝紛争〟となっている事例が多く見られるからである。この場合は、速やかに「法的破産手続」の中で財産の保全をし、あとは破産管財人にその処分を委ねることの方が〝債権者の信頼〟を得られるものである。もはや債権者はこの段階に至っては金額の多寡よりも〝公正〟〝衡平〟〝透明性〟なる手続処理を望むからである。

第３ 私的再建を始めるにあたって

1 事前準備——預金避難

私的再建を進めることを〝選択〟したなら、まずはできうるならば債権者の取引銀行から債権者でない金融機関への〝預金避難〟から始める。

（注意点）

ここで注意すべきは、名義を変えて預金を保管することは〝隠匿〟と評価され、強制執行妨害の恐れがあり、避けるべきである。なお、「資金繰り表」には当該金額も正確に記載すべし。そうすれば隠匿したとの評価にはならないからである。

名義を変えず債権者でない金融機関に預金を移動した後で債権者である金融機関から「どこに移動したか？」と尋ねられても法的に答える義務はないから無視すればよい。

これに対し金融機関の担当者から「『預金避難』とは当行を信用していないのか、それなら再建に協力できない」と言われることがある（実際に私も言われた）が、バンクミーティングを開催する前に躊躇なく預金を避難させておく必要がある（体験記１＝二頁参照）。

なぜなら、バンクミーティングを開催した途端に私的再建に不慣れな銀行は預金を事実上凍結（ロック）した事例があるし、そうでなくても私的再建が順調にいっていればいいが、万一順調にいかないときには金融機関からの「期限の利益喪失通知」により預金は事実上〝ロック〟され、やがて〝相殺〟により回収されてしまうことになる。事実上の担保である預金を弁済停止後に解放してしまうと信用保証協会からの〝代位弁済額〟が当該預金の流出分だけ減少するリスクがあるからだ（一旦預金避難をした上で再び債務者の口座に戻すか否かはその時点での債権者金融機関との信頼関係の構築如何（ケースバイケース）による）。

2　弁済停止

再建は資金繰りに始まり資金繰りに終わる。

〝預金避難〟が無事終わったらいよいよ私的再建のスタートだ。まずは出血を止めるためのバンクミーティング（ＢＭ）を開き弁済停止を求める（これをバンドエイドと呼ぶ）。これは法的再建手続たる民事再生等での「弁済禁止の保全処分」と同じである。まずは足元の〝資金繰り〟が安定しないことには商売自体が成り立たず未来の事業計画の図が描けないからである。

▼バンクミーティング（ＢＭ）の効能

金融機関を一堂に集めるバンクミーティング（ＢＭ）を開催する〝効能〟は以下の四つにある。

第一に、会社の経営危機（支払不能、支払停止）を同時期に知らせ〝偏頗弁済禁止〟を知らせて、不平等弁済の強要やBM以後に入金された預金の〝相殺を抑止〟することにある。

第二に、本事案の「再建方針」を伝える。即ち、法的再建・破産でなく、商取引債権を取り込まない、あくまで〝私的再建〟で進めることとの暗黙の了解を取り付けること。

第三に、私的再建手続の方が会社の信用棄損がなく、法的手続に比べ「債権回収の極大化」に資し、金融債権者にとっても〝メリット〟が多いことを自覚させやすくなる。

第四に、〝資金繰り面〟でも「支払停止の要請」により、金融機関の消極的支援で資金ショートを回避し、資金繰りが安定するから倒産の恐れが回避され〝安心〟されたいと伝えることにある。

これらの情報を一堂に集まったBMで一斉に発信することで〝情報の平等性、透明性〟が担保され、弁護士への信頼関係が構築されるのである。

具体的には「弁護士」から金融負債の返済について、バンクミーティングで「弁済停止（残高維持）要請」を全金融機関にする。なお、「金利」は払えるならば払う（蓋し、〝金利〟は銀行にとって〝売上高〟ゆえ金利の停止は相当な抵抗がある）が、しかしそれすら払えない資金繰りのときは払えない（やむを得ない）。

この時、金融機関の〝預金封鎖（預金ロック）〟と〝租税公課等の滞納処分〟に注意を払う必要があることは前述した。

⬅

〝資金繰り〟が安定したら次に公認会計士等の専門家による「健康診断（CT、MRI）」

を実施（財務ＤＤ、事業ＤＤ＝第一回バンクミーティング後速やかに着手し、約三カ月後に会社の真の姿である財務ＤＤ、事業ＤＤ報告会を開催）する。その際「過剰債務」や「債務償還年数」も記載してもらう。

あわせて会社のどこが悪いのかどれくらい悪いのか原因を突き止めその原因を除去できそうかを見極め、「治療方針」（経営改善方針）を立てる（本来なら税理士や金融機関にこれを求めるべき＝コンサルタント機能）。この点は、「第４　窮境原因の解明」の項（三一八頁）で解説する。

↓

専門家による「財務ＤＤ報告書」、「事業ＤＤ報告書」ができ上がったら財務ＤＤ・事業ＤＤ報告会を開催する（第二回バンクミーティング）

↓

財務ＤＤ・事業ＤＤ報告会が終了してから約三カ月前後で「再生計画（返済計画）」報告会を開催する（再生計画案の作成の仕方については三三四頁参照）。

３「再生計画案」についての当事務所の方針

「抜本的再生計画」

当事務所では基本は〝債権カット〟を骨子とする「抜本的再生計画案」を策定している。

蓋し、余命数カ月という極めて重度の会社では、その場しのぎの付け焼き刃的計画（リ・

スケジュール）ではいずれまたその〝がん〟が悪化し体力を奪うことになる（もちろんリ・スケジュールで済む症状が極めて軽度の会社はそれで行くが……）。B／S改善はP／Lの改善につながるからである（抜本的再生計画こそが〝再建の本質〟であることは二一六頁を参照）。

①〝悪性がん〟（「債務償還年数」から割り出した〝過剰債務〟の除去）を「手術＝過剰債務の除去＝債権カット」して取り出す。

②「手術方針」は、〝免除益対策〟も含め「第二会社方式（M&A）」（原則として「会社分割」＋（旧）会社の破産又は特別清算による事実上の債権カット）

なぜ、「会社分割」を原則とするか？

なぜなら、「事業譲渡」は〝赤の他人〟が〝事業〟を買うことになるから取引先に事業譲渡の事実を知らせ、取引先と新たに契約を取り直すことになる。取引先側から見れば、どこの誰ともわからない〝赤の他人〟がこれまで通りの取引条件を守ってくれるか、品質保証はどうか等色々と心配になり、新規契約に応じてくれるか否か等取引継続が危ぶまれるリスクがある。

これに対し、「会社分割」はもとの会社が二つに分割するだけで契約主体（DNA）は変わらない（赤の他人は出てこない）。契約関係も従来のままの状態で分割先に〝包括的に移転〟するだけで、法的には取引先に会社分割の事実を知らせる必要もない（挨拶状の送付等は別であるが）。ことさら取引先の了承も不要となり、〝取引の安定性〟の視点からは会社分割のメリットの方が大きいからである。

③　債権者の納得（反論の機会の保障）

「公正、衡平、履行の確実性、透明性の四大原則」〝経済合理性〟〝相当性〟〝金融支援の必要性〟及び〝過剰支援ではないこと〟などについて、全金融債権者の理解を求める。

そもそも大多数の債権者が「抜本的再生計画（債権カット）」に積極的に反対の場合は、その「反対理由」が再建専門弁護士による純粋私的再建手続のため、その〝透明性〟や税務面に疑問という場合には〝特定調停〟や〝中小企業再生支援協議会〟等の公的機関の活用が好ましい（準則型）。

全債権者の納得感、理解を得るためには〝債権者の心理〟すなわち〝支払いの多寡を憂えず、等しからざるを憂う。知らざるを憂う〟を知っておく必要がある。

では、〝一部の少数の債権者の理解が得られない場合〟はどうすればよいか？

〝できることから始めるのではなく正しいことから始めるのです〟

ピーター・ドラッカー

会社の体力、資金が許せるならば一～二年かけて一部の反対者に反対の理由がかえって貴金融機関に不利益を与えること（抜本的〝再生計画のメリット〟〝破産の場合のデメリット〟）を根気よく説明し、その理解を求める。その間、再生計画に賛成してくれたその余の債権者には「弁済協定書」を締結し、債権カット後の債権（新会社にて承継）につき衡平性を担保するプロラタ弁済にて新会社にて返済を開始（若しくは供託）していく。それが会社の再生に理解を示してくれた債権者への感謝のしるしであろう。

⬅

▼全員一致主義の弊害

〝勇気を持った一人の人間は、多数派である〟
トーマス・ジェファーソン

しかし、結局、大多数の債権者が賛成し、少数の無理解者が「不合理な反対」（全ての債権者に不利益な反対）と評価しうる場合は、そのままの状態で踏みとどまることで資金繰りや信用不安等から会社がさらに経営悪化に進んでいる（逼迫性）と客観的に認められるならば時間的にも〝会社分割等の実践の必要性〟が認められれば躊躇なく〝会社分割を実行〟すべし「手術実施」（体験記8＝二三八頁参照）。

なぜなら、倒産手続は債権者のための手続であり、〝一部の債権者の不合理な反対〟でその他多数の債権者の利益が〝破産等〟で不利益を被るならば多数の債権者を助けることは社会的相当性を有し、弁護士としての〝正義〟である。それによりひいては反対債権者も結果として救済されることになるからである。そこには債権者を「害する目的」などは微塵もないのである。

〝財産を失ってもまたつくればいい。しかし、勇気を失ったら、生きている値打ちがない〟
ゲーテ

▼〝弁護士の本質〟とは?

〝自分を犠牲にしてでも人の役に立てるか?〟
宮沢賢治

〝義を見てせざるは勇なきなり〟
(人としてなすべきことを知りながらそれを行わないのは勇気がないからだ)
孔子

「会社分割を実行」したうえで、一部の不合理な債権者にさらなる理解を求める(反対の理由は何か、法的に適正にその反対理由を解消できるのか、不平等にならないか等、体験記8＝二三八頁参照)。

「抜本的再生計画」は不合理な反対者の不利益とはならず、むしろ〝利益〟となることを根気よく説明・説得。

「会社分割」に対し、いわゆる〝濫用的会社分割〟[4]の理論を盾に「詐害行為取消」で訴えてきたら裁判の中で、次の通り、その〝正当性〟〝必要性〟を主張すれば足りる。

「破産を回避し、健全な会社運営こそ債権者のためであり、本件『会社分割手続』による再生計画は、倒産法の四大原則『公正、衡平、履行確実性、透明性』が満たされ、〝金融支援の必要性〟〝経済合理性〟〝会社分割の必要性〟を有するを説明し、ひいては『全債権者の利益』となること、むしろ〝不合理な反対〟こそ銀行法一条の使命・役割に照らし〝権利濫用〟である」等。

▼再建弁護士の矜持

〝良心に照らして少しもやましいところがなければ、何を悩むことがあろうか。何を恐れることがあろうか〟

孔子

⬅

訴訟を起こしてきた特定債権者との間で全債権者に利益となる方向で（但し、平等原則は厳守）弁済額を若干増額して〝和解〟した例もある。したがって、不合理な反対者からの〝詐害行為取消の訴え〟をいたずらに恐れる必要はない（萎縮反応の排除）。

▼会社分割の目的

破綻回避による「債権回収の極大化」（債権者の利益寄与）並びに破綻回避による雇用の維持。従業員とそのご家族の生活の安定、人生の不安の払拭。利害関係人らの〝幸せ〟（憲法一一条、一三条（幸福追求権）[5]）。

第4　窮境原因の解明

「再建の方針」（私的再建か法的再建か、原則は私的再建であるが……）が決まったらいよいよ再建に取り掛かるわけであるがそのためには危機的状況にある会社の経営危機に陥った〝窮境原因〟を突き止め、それを〝除去〟していく必要がある。用意するものは「資金繰り表」と「損益計算書」である。

▼資金ショートの二パターン

危機的状況にある会社とは、端的に言えば「資金繰り表」からみて現在〝資金ショート〟

に陥っている、若しくは近い将来資金ショートに陥いる会社のことである。

では、なぜ会社は〝資金ショート〟に陥ったのか？

資金ショートに陥っている会社には〝二つのパターン〟がある。「損益計算書」の三期分を比較するとよくわかる。

① 黒字倒産

一つは、減価償却前の営業利益が〝黒字〟なのに資金ショートに陥っているパターン（黒字倒産）。

このパターンは、比較的治癒させることは簡単である。〝事業性〟が見込めるからである。収益で得たキャッシュフロー以上に金融負債の返済が過大ということだからだ。

この場合の〝再建難易度〟はそう高くない。金融負債の返済額をキャッシュフロー内に変更（減額）すれば「資金ショート倒産」という最悪の事態は防げる。

② 赤字倒産

問題は、減価償却前営業利益が既に〝赤字〟の会社の場合である（赤字倒産）。

減価償却前の営業利益がすでに赤字ということは金融負債の返済をどうこう言う前に既に「原価」にかかる費用、即ち業者等取引先への支払いや「販管費」にかかる費用、即ち従業員の給与の支払いが困難ということを示しているからである。金融機関への有利子負債の返済のためのキャッシュフローが出てこないどころかその前に会社を維持するだけの〝運転資金〟の支払いにそもそも資金が回らないということだ。然るに金融機関への返済は続けている会社がなんと多いことか。経営者は直ちに返済を止めるべきだ。

なぜなら、再建＝持続的安定経営を目指すためには、「金融機関への返済」は税引き後利益＋減価償却費＝キャッシュフローの範囲内でなければならないからだ。

▼返済ができていたからくり

これまで資金繰りが何とか回ってきたのは、事業による収益の足りないところを手持ちの現金や在庫を処分してお金を作ったか、租税公課を滞納してきたか、或いは取引業者を巻き込んで未払いとしてきたか、社員の給与を遅配しているか、金融機関や身内など第三者からの新たな借入れで回してきたにすぎないからだ。これはイレギュラーな対応であって、本来ならば〝収益〟で返済すべき健全な企業経営とは言えない。

▼破産手続に持っていくにはまだ早い

このままでは単に金融機関への返済を止めた「バンドエイド」だけでは早晩会社は立ちいかなくなる。倒産必至だ!!

このような会社は〝事業性〟がみてとれず、そこでまず金融機関への〝返済の停止〟と合わせて〝事業の建て直し〟から始めなければならないから〝再建難易度〟は格段に高くなる。

このような会社は一般的には安易に〝破産手続〟にもっていこうとする弁護士が多いようだが、だからと言ってあきらめるにはまだ早い。九九・九％ダメでも〇・一％の可能性があればあきらめてはいけない。会社の底力を信じて欲しい。

〝人生の失敗の多くは、成功にどれほど近づいていたか知らずに、それを目前にしながら、あきらめてしまうときに起こるのだ〟

トーマス・エジソン

▼事業の建て直し、経営改善に着手

では、事業を立て直すにはどうしたらいいか？

企業は利益を生み出すことが至上命題であるところ、〝営業利益〟を生み出す（返済原資を作り出す）前提として〝売上高〟〝原価〟〝販管費〟という三つの項目に着目する必要がある。換言すれば、〝いかにして売上高を上げるか〟〝いかにして原価を下げるか〟〝いかにして販管費を圧縮するか〟によって〝改善〟する必要がある。

▼売上高の改善

売上高の改善には「スオット分析」（ＳＷＯＴ）（強み Strength）（弱み Weakness）（機会 Opportunity）（脅威 Threat）と「４Ｐ分析」（値段 Price）（場所 Place）（品質 Product）（宣

伝Promote）を検討し、〝選択と集中〟を実践する必要がある。

例えば、会社の商品の強み（Strength）、弱み（Weakness）等の〝差別化〟はできているか、経済の流れやトレンドを正しくとらえているか？　機会（Opportunity）の喪失はないか？　競合他社の脅威（Threat）はないか？　等である。

値段（Price）は適正か、安すぎないか、きちんとユーザーにその品質の良さ（Product）が届いているか、発信のための宣伝（Promote）はできているか等である。〝立地〟が悪いならばその立地の悪さを逆に利用して〝隠れ家的〟イメージで売り出せないか等である。

▼廃棄ロスの改善

一番注意するのは商品の〝廃棄ロス〟や製品の〝不良率〟の問題である。

製品一個作るにも材料費、人件費、電気ガス水道等の光熱費等の管理費等多くの経費がかかっている。〝時間〟というコストも看過できない。売上高の一％のロスがあるとすると一〇億円の売上高のうち一〇〇〇万円がロスとなる。これを減少させるだけで〝営業利益〟は格段に良くなるからだ。

▼多店舗展開の会社

多店舗展開の会社の再建のとき店舗閉鎖をすると売上が減少するからできないと抵抗する経営者にはどう対処すればよいか？

また、多店舗展開を行っている会社については、〝赤字店舗〟と〝黒字店舗〟が混在している可能性があるので、各店舗の採算・不採算の詳細な分析をする必要がある（体験記1＝二二頁、体験記3＝一二五頁参照）。

なお、〝注意〟すべきはこの店舗毎の分析については「本部経費」割付前の純粋店舗段階での分析が必要である。

①この「本部経費割付前ですでに〝赤字〟の店舗」ならば改善策が功を奏しなければ〝すみやかなる閉鎖〟が肝要だ。

②これに対し「本部経費割付前の純粋店舗段階では〝黒字〟で本部経費割付後に赤字」の店舗ならば直ちに閉鎖でなく店舗の改善と本部経費の削減に〝選択と集中〟をして改善していけばよい。

なぜなら、本部経費という重石を乗せる机の脚が多いほど安定するからだ。この点、店舗の閉鎖により売上が減少してしまうと抵抗する経営者がいるが、そのような経営者に限って〝増収減益〟が多い。一番悪い経営である。経営は「売上至上主義」でなく、「利益至上主義」でなければならないことを肝に銘じる必要がある。

金融機関への返済は〝売上〟で返済するのではない。〝利益〟で返済するのだ。

会社の永続繁栄のためには、売上が減少しても利益が増加する〝減収増益〟の〝筋肉質の会社経営〟に改めていかなければならない。

▼原価の改善

原価についても勇気を出して「仕入先」との〝値決め〟交渉をしているか（この値決め交渉をなおざりにしている会社のなんと多いことか）、「外注費」は適正か、外注を止めて内製化した方がいいのか、或いはその逆がいいのか等々である。それでも「赤字の仕事」は売上が減少しようがやめる〝勇気〟が必要だ。

▼販管費の改善

販管費を分析し、役員報酬の五〇％以上の引下げは当然として、「人件費」の見直しにも着手し、その他事務所の移転・閉鎖による家賃等を含め一〇％～二〇％レベルの引下げを実施しなければならない。

特に〝人件費〟には〝法定福利費〟（社会保険料）負担が会社に重くのしかかっていることを理解する必要がある。

▼アクションプラン表の作成とPDCA

この売上高、原価、販管費の各項目の〝改善〟を掛け声だけにして遅々として行われない会社が多数ある。P（Plan）、D（Do）、C（Check）、A（Action）ができていないのである。「PDCA」の実践としていつまでに何をやるべきか誰が責任を持つのか等を〝見える化〟するために当事務所では「アクションプラン表」を作成し、三カ月ごとにモニタリングをしてその進捗状況をチェックしている（ＰＤＣＡの実践）。

第５ 清算Ｂ／Ｓを作成する

▼清算Ｂ／Ｓの作成の手順と目的

第一に、仮に会社が破産した場合の配当率（回収額）を試算し、ゴーイングコンサーンの再生計画の〝経済合理性〟の判断材料の一つとして〝清算価値保障原則〟[6]が満たされているかの確認の前提資料とするためである。

第二に、金融債権者に対し私的再建に協力した方が債権回収の極大化の目的からも得策であることを理解してもらうための〝説得〟資料でもある。したがって、できるだけ〝直近〟のものが好ましい。「債権」については回収、返還による現金化、「動産・固定資産」については、現状有姿で瑕疵担保責任を負わず且つ早期売却による現金化を想定したいわゆる「特定価格」「早期処分価格」（一般的には〝正常価格〟の約六〇〜七〇％くらいか）にて試算。ただし、現実の換価、回収は大変厳しく「破産管財人経験者」によるチェックが好ましい。

以下に各勘定科目毎に簡単に説明しておく。

〈流動資産〉

［預金］

借入金融機関に預け入れている分は事実上拘束性のため〝失期通知〟による〝相殺〟により0評価。

［売掛金］

まず、現実に生きている取引先の分を洗い出す（既に倒産している時や支払不能先は除く）。次に実態のある売掛先でもメーカーなどの場合は品質保証不安による返品、値引き、解約の申し出等のクレームが多数あり、売掛金額が一〇〇％回収されることはまずありえない。現実に裁判所での和解交渉、和解調停で半額になる例もあった。従って、七〇％～五〇％前後の評価が適切。

［前払費用、仮払金］

返還請求をしても返還（現金化）される例は少ない。

［仕掛品］

一般的には〝汎用性〟がなく完成に至らず、そのまま廃棄処分となることが多い。

［商品（在庫）］

バッタ屋が五％～一〇％で買取りを申し出てくる。

内容によっては、季節性商品、賞味期限切れ商品の場合は、逆に廃棄料がかかりマイナス評価も想定される。

［役員貸付金］

会社が破産することで役員も保証債務のため返済能力が欠如し、後日に破産となることが想定されるため、返還（現金化）できず、０評価。

〈固定資産〉

［建物］

工場等は〝汎用性〟がなく築年数によっては中古価格として評価の半額か三分の一になることもある。特に買受人側がマンション建設用として取得する場合は、更地明渡しとなる場合が多いため建物価格を０評価とする例も多い。特に〝アスベスト関連施設〟の場合は、取壊し費用によりマイナス評価となる場合が多い。

［土地］

早期処分価額として時価（正常価額）の約六〇～七〇％くらい。

数千万円単位の取壊し費用がかかるため建物価格が０どころか土地価格も取壊し費用を控除して計算することが適切。

特に、化学薬品を扱う工場では、坪当たり一〇万円前後の〝土壌改良費用〟がかかることも想定される。

［その他什器・備品類］

構築物、附属設備の場合、建物取壊し予定のため０評価。

［敷金・保証金］

①賃貸借契約書上六カ月、三カ月前の解約申し込み条項があることが多く、この場合、破産会社は六カ月、三カ月分の賃料未払となるため、当該賃料相当分を控除。

②更に契約書上、原状回復工事が必要となるため坪当たり二〇万円前後の原状回復工事費用が控除される。

③契約書上返還時の償却約定がある場合は、その償却額（例えば一〇％程度）を控除。

これら①②③とそれまでの既存発生未払賃料を控除した残額が手許に戻る回収金額となる。

（注意）〝契約書〟を準備して内容をよく確認すること。

［コンピュータソフトウェア］

当該会社用に作成されており〝汎用性〟がなく0評価とすべき。

［別途発生債務］

〝簿外負債〟としての保証債務。

なお、残リース料債務についてはそもそもB/S上に計上されていない場合が多く、この場合は負債項目に新たに計上することとなる。

［新規財団債権の発生に注意］

・解雇予告手当一カ月分。

・退職金手当（但し、退職金規定がある場合に限る。なお、掛金をかけている場合は会社負担分を計上すること）。
・裁判費用（弁護士費用。なお、予納金については、規模にもよるが五〇〇万円～一〇〇〇万円）。
・破産手続開始申立後の破産管財人代理人補助者、清算業務のためのアルバイト数名の人件費、二～三カ月間の明渡しまでの事務所使用賃料相当損害金等清算のための「事務費用」（共益債権）を計上する。

第6 二通りの「資金繰り表」を作成する

1 「資金繰り表」作成の目的

会社再建は資金繰りに始まり資金繰りに終わる!!

企業は〝人〟〝物〟〝金〟で成り立っているが、いくら損益上の利益を計上できている会社であっても〝資金〟がショートしてしまえば、会社は信用不安がトリガーとなって倒産してしまう場合がある〝資金繰り倒産〟〝黒字倒産〟と言われる倒産である。

そこで、「資金繰り表」が〝最重要〟となる。その「役割」は、このまま銀行取引約定に従って誠実に支払いを続けたら、〝いつの時点〟で〝資金ショート〟（支払不能、支払停止）

するか（若しくは、手形不渡り事故となるか）を知り、〝金融機関に支援要請を求める資料〟となるからだ。

なお、資金繰り表作成にあたって注意すべき点は、損益計算書のような契約成立時の〝発生主義〟でなく、締め後の支払日たる〝現実主義〟での記載でなければならないことに注意。

2 「日繰り資金繰り表」作成の手順

「月次資金繰り表」の作成だけでなくさらに「日繰り表」を作成する〝目的〟は何か？月初と月末の資金残を示す「月次資金繰り表」だけでは「期中」（例えば、三月二五日）の資金ショートが分からないからである。なぜなら、「月次資金繰り表」上では、月初一〇〇〇万円、月末三〇〇〇万円とあることから安心していたところ、期中（三月二四日）では▲五〇〇万円と資金不足が生じ、翌日六〇〇〇万円の手形決済があった場合、いくら三月三一日に売掛金の入金が一五〇〇〇万円あったとしても会社は〝倒産〟となってしまう。どのような期日の動きかが「月次資金繰り表」だけでは分からないからである。

少なくとも向う三カ月〜六カ月程度の予想表は作成することが必要である。

〈収入〉
〝収入〟は判明している限り、〝現実〟に入ってくる日の金額を書くこと（注意　現実主義である。〝発生ベース〟ではないことに注意。〝手形〟は受け取っても期日まではただの紙切れ。

期日前に現金化するには〝手形割引分〟として現金化）。

判明していないものは昨年の同時期を基準に今期の売上予測（昨年度の一割減か二割減か昨年度並か）に従って記入する。

※単位は千円単位でかまわない。

※毎日の売上収入が分からない場合は一応五日分毎（一カ月を六回分割）に記入してもかまわない。

※スタートの手持現金については、判明している日現在のものを正確に記入すること。

※信用不安が生じない〝遊休資産〟のうち早期処分で現金化可能な資産（例えば、上場株式やゴルフ会員権等）は、処分から一、二カ月のタイムラグで〝入金〟計上する。

※親戚、縁者等第三者からの新たな借入による「入金」は考えない。〝不幸〟を増加するだけである!!

〈支出〉

支出については、既に〝請求書〟が届いているもの、取引先により支払日が決められているもの、電機・ガス・水道等の公共料金（家賃やリース料等の事務所経費）の自動引落し、従業員の給料、銀行等の返済等は支払額及び支払日が決まっているものであり、できる限り正確に記入すること。

3　〝改定版〟（緊急）「日繰り資金繰り表」を作成する

作成目的

「約定日繰り表」で近い将来（例えば、三カ月後）資金ショート（例えば、手形不渡り）することが判明したので、この「改定版日繰り資金繰り表」であえて積極的な資金注入せずとも、会社側の自助努力たる資金繰りの操作だけでとりあえず資金ショートを回避できることを説明し、金融機関からそのための〝消極的協力〟を仰ぎ、時間をもらうためのものであくまで一時的な応急措置（注意＝抜本的解決ではない）。

〈収入〉

約定資金繰り表と同じ。

（注意）新たに第三者（親戚等）より、借入をして収入の不足の穴埋めをすることはやめる。

担保に入っておらず、不動産等売却できる物があったら、その費用を控除して売却時に収入に計上する。

〈支出〉支出の止め方にも〝順番〟がある（重要）。

できる限り、〝信用不安を惹起させない支払先〟から順次弁済を停止する。

まず、第一次　金融機関「元金」

第二次　家賃・リース料等の経費関係
第三次　**金融機関「利息」**

それでもまだ収支がマイナスの場合はやむを得ず、

第四次　**取引先のうちの「大口取引先分」**

の順で支払停止をする。

（注意）ただし、手形決済日前に商取引先手形の決済金が上記方法によっても不足する場合は〝**手形ジャンプの要請**〟をするが、それでも不足する場合に（結果として、次期以降の手形決済資金が不足する場合を含む）は、「手形不渡倒産」を回避するため、金融機関だけでなく商取引先債権を含む全債権者の弁済を一律一時的に停止して、まずは会社の再建のための「資金繰り」を確保する必要上、やむを得ず〝**民事再生手続の申立て**〟をなすことになる。

この〝**緊急資金繰り**〟をして時間をもらっている間（三〜六カ月以内）に〝**選択と集中**〟による合理化（遊休不動産の売却、人件費カット、不採算店の閉鎖、本社移転等）を早急に実施しなければならない。

第7　再建計画書（返済計画書）の作り方

▼はじめに

私は、弁護士登録以来三五年間企業再建の真っ只中を走り続けてきた。会社更生計画案や民事再生計画案等の「法的再建手続の再建計画」はもちろんのこと、売上高一〇〇億円を超える企業から一億円に満たない中小零細企業の「私的再建計画」も二〇〇社以上は作成してきた。

もちろんそれらの会社の全てが計画通りにいっているというつもりはないが、およそ九割前後は無事に再建を果たし、現在も順調に会社は継続しているから、私の「再建計画書」はあながち誤りではないのだろう。

その経験と実績から本項では「再建計画書」作成の〝肝〟となる点を説明しておこう。

▼「再建計画書」は「事業計画書」ではない

「再建計画書」と事業計画書は〝似て非なるもの〟であり、これらを混同している方々が多いので説明しておきたい。

「事業計画書」は〝正常時〟の企業において時流を見越した新規商品開発等将来の希望、夢、ビジョンを掲げてその企業の成長性を高めるため、ある程度楽観的な数値を置き、金融機関からの借入資金をもってする更なる成長戦略を織り込んだある意味〝右肩上がりの売上目標〟を数値に落とし込む作業から始める。

これに対し「再建計画」はそもそも既に企業戦略に〝失敗〟して、経営危機に陥ったいわば〝異常時〟からの出発であり、未だ会社の体力は疲弊しており、金融機関からの新たな借入れによる運転資金の確保や設備投資は困難であることを前提にしながら、金融機関等債権者への〝返済の確実性〟に主眼を置き、他方で再びの危機に陥らせてはならないという崖っぷちの会社、いわば〝背水の陣〟での極めて〝厳格且つ保守的〟な計画でなければならない。

▼リ・スケジュール計画での失敗の原因分析

当事務所には、前述のとおり、既に他の事務所や支援協議会の中で経営危機に陥った会社の再建策として「リ・スケジュール」で金融機関の理解を得て、再建のスタートをきったものの、一年も経たないうちに再びの経営破綻をきたし、当事務所にやってくる会社も多い。なぜ再建計画が失敗したのであろうか？

その分析をしていくと、そもそも「過剰債務」を解消せずに、換言すれば、「過剰債務」を背負ったまま「リ・スケジュール」で乗り切ろうとしたいわゆる単なる〝先送り〟に失敗の原因があることは前述したところであるが、更にもう一つの失敗は金融機関の要望に迎合した「〝返済ありき〟の計画」となっていることだ。「返済ありき」であることから、自ずと返済に見合うキャッシュフローを数値化し、そこから固定経費を上積みした粗利益、売上と積み上げていくから、結果として会社の現実の売上実力からかけ離れた「売上計画」となってしまっていた。

加えて、「返済ありき」のため、会社の老朽化に合わせた設備投資を最小限に抑え、従業員の賃金等も最小限に抑えるため、モチベーションも上がらず、結局危機的状況から脱出しきれていないため、せっかく〝一時停止等の措置〟で貯めた手許資金が返済開始と同時にみるみる減少していき、再び危機に陥ることは必至であった。

▼右肩下がりの極めて保守的な売上計画を作成すること

以上の説明でお分かりのことと思うが、失敗の許されない再建計画（案）は、まずは「過剰債務」からの解放により身軽となって危機的状況から脱出することから始まる。

次に金融機関からの新規融資等の資金調達は著しく困難であることを前提に、「返済ありき」ではなく資金繰り不安から萎縮した事業を立て直すため、事業で稼いだ金は極力返済に回さず、〝内部留保〟し、老朽化対策としての将来の設備投資資金の積み立てやモチベーション向上対策としての従業員給与の同業他社レベルまでの回復等、まずは病み上がりの体力を回復させることを優先した〝内部財政の構築〟に努めるべきである。

「返済ありき」ではないから売上高も〝理想主義的〟な右肩上がりの売上計画にする必要はなく、あくまで〝現実主義〟〝悲観主義〟的な右肩下がり等の保守的なものでなければならない。

そもそも信用失墜の中、資金力も乏しく体力が弱ったリハビリ途中の会社に爆発的なスタートダッシュを期待することが無理なのは誰でも分かるだろう。

▼営業利益

もっとも右肩下がりの保守的な売上高で「営業利益」がでないようでは、「再建」とは言えないから、このような場合は、徹底した固定経費の削減は待ったなしであり、人件費の削減にも手を付けざるを得ない。但し、〝返済ありきのための営業利益〟でなく、会社の実力に合わせた〝正直ベースでの営業利益〟でなければならない。

換言すれば仮に売上高五億円規模の会社が「営業利益」が年間一〇〇万円しか計上できないとしても、悲観する必要はない。民事再生手続では一〇年間で一〇〇〇万円の営業利益であるならば、税引後残六〇〇万円としてその七割前後の四〇〇万円前後を返済として再生計画を作成する。

仮にこの会社の負債が一〇億円であれば、九億九千六〇〇万円を〝免除〟してもらうことになる（配当率〇・四％。もっとも破産時の〝清算価値保障原則〟があるため、破産時の清算配当が四〇〇万円より少ない必要があり、この理は、法的再生手続のみならず、私的再建の〝経済合理性〟を考える意味でも重要である）。

なお、多額の〝免除益〟に対しては〝タックスプランニング〟としての「免除益課税の対策」が必要となるが、私は、「会社分割による第二会社＋破産」という再建計画を策定してこの問題を回避している。

第8　変動型返済計画を活用せよ

私の経験では返済計画において金融機関への返済を毎年〇〇円と「固定」し、返済期間を一五年～二〇年前後とする計画が一般的であるが（固定型）、私の返済計画では返済額を〝変動化〟するほうが、会社の「資金繰りの安定性」という側面から再建に支障が生じず、活用している。

具体的にはその年の売上高から税引後経費を控除したキャッシュフローから設備投資額を控除したいわゆる「フリーキャッシュフロー」をベースにその六～七割を返済に充てるという計画である。金融機関からはせめて八割くらいは返済してほしいと要求されるが私は六～七割に固執している。

なぜ六～七割かというと金融機関からの資金調達は著しく困難であるから、その分会社において〝内部留保〟する必要があるからである。

（メリット）

これによると、会社の業績が好調な時は多くを弁済に充てるが、社会経済情勢の変化で、会社が赤字に転落し、フリーキャッシュフローが０円の年は翌年の返済はなし（０）ということになる（但し、その場合でも最低返済額を決める例もある）。

体力が回復しきれないまま悪しき状況下に再び陥った会社にとっても、返済に汲々として会社の資金繰りを悪化させ、再びの倒産危機をむかえることはかえって金融機関にとっても好ましいことではないから、会社の資金繰りを重視するこの「変動型返済計画」は金融機関にとっても〝メリット〟が多い「返済計画」である。

加えて、民事再生手続では原則一〇年と返済期限が決められている（民事再生法一五五条三項）ところ、返済期間が流動的・不定期のこの方法は「私的再建の妙技」でもある。

▼税務面のメリット

加えて、税務面でも金融機関としても再生支援協議会の活用等「準則的手続の中でする債権カット」等は、すでに〝無税償却の対象[7]〟となり、新会社に引き継がれた経済合理性を有する残存債権についても既に「貸倒引当金」を積んでいるであろうから、「変動型の返済計画」を否定する理由はないはずである。

〝履行の確実性〟の観点からも、当事務所でも関西の食品会社等多くの会社で「変動型の返済計画」を活用し、毎年バンクミーティングを開いて前年のフリーキャッシュフローに基づき、「本年の返済全額」を提示している。これらの会社は今では〝健全な会社〟として存続している。

コラム　変動型返済計画を用いた再建事案の概要

その食品会社の社長の奥様と息子が私の事務所を訪ねて来た。

私は話を伺うこととした。話はこうだ。

業績好調時に食品工場を金融機関の借入によって新設した。

しかし、業績が悪化するとメインバンクの支店長が突然会社に訪ねてきて応接室で返済期間の継続（ころがし）を拒絶し、突然「残借入金全額を早急に返済して欲しい、手形割引もできない、L/Cもできない」と態度を急変させた。まさに手のひらを返したような「貸し剥がし」であった。俗に言う「晴れの日には傘を差し出し、雨の日には傘を取り上げる」とはこのことである。

それまでは「借りてくれ、借りてくれ。工場の建設資金は当行で全額融資します。借り換えを続けていきますから返済は気にすることはありません」との甘言を使って新工場の建設資金を融資しておきながら、突然の全額返済要求等に社長は憤りと不安からか、銀行の支店長が帰った後、車の鍵を持って会社の応接室を飛び出して行った。

夕刻になっても社長は帰宅しない。連絡もつながらず、従業員もご家族も心配になり心当たりを捜索したが見つからない。皆不安な一夜を過ごした。翌日ふ頭の岸壁から車が海に落下したとの知らせが届いた。件の社長の車だった。事故なのか覚悟の自死なのか定かではないが、〝貸し剥がし〟が社会問題となり、上場企業の倒産が相次いだ時期であり、私は眠る暇もなく超多忙を極めていた時期でもあったが、未だ三〇代前後の若き息子さんが私をじっと見つめて「会社を再建して銀行を見返してやりたい。父の敵をとりたい。村松先生、力を貸して下さい」との言葉に〝人生意気に感ず〟で件の会社再建を引き受けることにした。今からおよそ二二年程前の出来事であった。

私は、「私的再建での再建方針」を金融機関のバンクミーティングで説明し、工場を競売すると威嚇し、反対する金融機関に対し、「本件は人命を失った事案である。社長の突然の死で社員も動揺しており、取引先も不信がっている。その原因を作ったのは返済を迫ったあなた（メインバンク）ではないか。信用不安に陥っている過剰債務を切り捨てる以外に会社を蘇えさらせる方策はない」と言い切った。

○マネジメント・バイ・アウト（ＭＢＯ）

私は、息子さんとお母さんに新会社を作らせ、役員が会社を買い取るいわゆるマネジメント・バイ・アウト（ＭＢＯ）を実施した。法律的に言えば「事業譲渡」である。この事業譲渡の手続は株主の三分の二の同意があればでき、金融機関の賛成はいらない。但し、異議手続は別であるが金融機関も社長の急死の真相を知ると皆異論を出さず賛同してくれた。

もちろん、〝詐害性〟の問題をクリアするため、会社の〝事業価値〟を算定し、その価額を若干上回る価額で事業を買い受けることとした。譲渡代金は数億円であった。もちろん、奥さんや若き息子さん達にそんなお金を用意できるわけがない。そこで、数億円を支払う方策として同金額の債務を引き受ける型（重畳的債務引受）で〝支払う〟こととし、旧会社は〝破産〟させた。人命がかかわった本件は、破産管財人から異議が出ることもなく、当初は抵抗していた金融機関とはその後二年がかりで新会社が重畳的に引き受けた債務の弁済方法を協議し、同意を得ることができた。

その返済方法が前述（三三八頁）した「変動型の返済」方式である。その後この会社は、およそ十数年をかけて弁済を完済した。優良会社として生まれ変わったこの会社には、金融機関から新規融資の話がたくさんきたが、あの貸し剥がしをして、お父さんの命を奪ったあの金融機関との取引はしなかった。若き息子さんの亡き父への〝約束〟であり、彼の〝矜持〟であった。

天国のお父さんの形見であるその若き息子の結婚式に私も来賓として呼ばれ、祝福した。

あれから二二年、今では子供も授かり、〝父親〟となって、そして会社の経営者として立派に成長した姿には、きっと天国のお父さんも目を細めてその成長を喜んでいることであろう。

1▽弁護士法一条には、「弁護士は、基本的人権を擁護し、社会正義を実現することを使命とする」と規定されている。

2▽弁護士法七二条には、「弁護士又は弁護士法人でない者は、報酬を得る目的で訴訟事件、非訟事件……その他一般の法律事件に関して鑑定、代理、仲裁若しくは和解その他の法律事務を取り扱い、又はこれらの周旋をすることを業とすることができない」と規定されている。

3▽近江商人の天秤棒一本で各地を行商し、単に儲けるだけでなく、社会の利益となる商いを旨とした〝近江商人〟の心意気（社会貢献・奉仕の大切さ）を表したもの。

4▽「濫用的会社分割議論」については、二〇一〇年一一月二〇日に開催された第九回全国倒産処理弁護士ネットワーク横浜大会にて倒産法分野の第一人者である綾克己弁護士と当時東京地裁破産・再生専門部の部長であった鹿子木裁判官との質問、回答が参考になるので掲載する。

綾弁護士「私的整理手続で会社分割を実行して商取引債権を承継させる場合、それによって事業価値が増大して結果的に分割会社に残った非承継債権者の弁済率を増加するという事案においては、ある程度透明性を確保している前提ではありますが、それは〝濫用的な会社分割〟ではなく正しい倒産手続として認められるべきではないか」

鹿子木裁判官「『濫用的会社分割の本質は〝偏頗行為〟にある』ということはその通りだと思います。したがってまずは一部の債権者を有利に扱うような偏頗な内容の会社分割の立案は行わないことが必要だと思います。それとともに会社分割の実行前には各債権者に対して計画の内容の周知を図ることが必要です。その上で、〝事業の評価〟が適正であって債権者を公平に扱う内容の会社分割であれば『透明性』『公平性』を確保している会社分割であればすべての債権者の同意を得ることまでは求められないということだと思います。もとより一部の債権者を不利益に扱うという内容のものも〝その債権者の同意〟があれば許されることは言うまでもありません。倒産に携わる法律家として債権者に対する公平・誠実義務に忠実な手続の遂行を図り、その内容を適切に債権者に開示して国民の信頼に答えていくことが何よりも重要だと考えます」「中小企業再生支援協議会がされるように全債権の一定割合、たとえば三〇パーセントをプロラタで移転するという場合は〝詐害性〟が否定されると思います」（事業再生と債権管理一三二号五〇頁・五二頁・五三頁）

5▽憲法一三条は「すべて国民は、個人として尊重される。生命、自由及び幸福追求に対する国民の権利については、公共の福祉に反しない限り、立法その他の国政の上で、最大の尊重を必要とする」（幸福追求権）と規定している。

6▽そもそも倒産手続は〝債権者のための制度〟（多額の回収と平等）である。そこで、〝清算価値保障原則〟とは再生計画案や更生計画案が「一般債権者の利益を害していないか否か」のメルクマールとなる指標で、再生計画案や更生計画案の適法性の〝認可要件〟の一つである（民事再生法一七四条、会社更生法一九九条）。具体的には債権者が「強制執行等の権利執行」をした場合の回収見込額をいうが、全債権者の権利行使により、会社は〝破産〟となるため、結果としては、〝破産時の配当率〟となる。この清算時において債権者が受領する価値よりも再建計画において受領する価値の方が多くなければならないという原理が〝清算価値保障原則〟である（民事再生法一七四条二項四号、会社更生法四一条一項二号）。清算価値が保証されているか否かを判断する〝基準時〟としては、「再生手続」では東京地裁民事二〇部は〝開始決定時〟（財産評定時＝民事再生法一二四条一項）としているが、これに対し「会社更生」を扱う東京地裁民事八部では〝認可決定時〟としていることに注意を要する。

7▽再生支援協議会での再生計画に基づき金融機関が〝債権放棄〟を行った場合の税務上の取扱いとしては、法人税基本通達九―四―二に基づく〝支援損として損金算入〟が認められうることになっている。

終わりに

弁護士の存在意義・必要性

二〇一五年、野村総研と英オックスフォード大学の共同研究でＡＩ（人工知能）に代替されると予測される職業の確率が発表された。これによると「税理士」九二・五％、「弁理士」九二・一％、「公認会計士」八五・九％の確率で代替されると予測されるとしたが、「裁判官」は一一・七％、「弁護士」に至っては一・四％である。我々弁護士業はＡＩをもっても代替されにくい〝士業〟である。

どんなに文明が発達し、社会に自動化が進もうが、漆黒の暗闇の中、絶望の淵に立たされた時（危急時）に助けてくれるという意味での〝安心感〟は〝高い倫理観と志〟を持った〝人間弁護士〟でしか与えられない。

ＡＩは各経済指標の経営分析（数値化）から〝倒産確率〟を明示する。しかし、その分析の結果、〝倒産確率〟一〇〇％とＡＩに指摘された会社でも再建した事例はいくらでも存在する。だから決してあきらめてはいけない!!　必ず私が助けるから。

▼再建の意義・必要性

「破産」は、損害と不幸を拡大するだけで、その後には何も生み出さない。これに対し、「再建」は「投下資本の回収」という経済面のみならず、その会社を取り巻くすべての利害関係人に有益な取引作用をもたらすだけでなく、会社で働く従業員、そのご家族の生活、人生に平穏と幸福をもたらし、地域経済の発展面においても大きな〝社会的意義〟を有する作業である。

「倒産」という極めて非日常の特殊な場面では利害関係人間の権利が複雑に絡み合い、各人がそれぞれ権利としての〝欲望〟を追求するが、あくまでも彼らは〝人間〟である。赤い血が流れ、熱いハートを持っている〝人間〟である。〝倒産〟もこのような人間の世界の事象である限り、熱きハートを持った弁護士達の〝熱き志〟と〝信頼〟に基づいた〝説得〟で利害関係人らの〝不信感〟を〝信頼〟に変え、赤き血の通った情のある〝金融機関〟がきっと救いの手を差し伸べてくれる。皆が〝幸福〟となる「再建」という大事を成すことは決して不可能ではない。

〝我も人なら、彼も人なり〟

本田宗一郎

▼会社の救済は人生の救済である

「会社の救済」はあくまで〝手段〟であって〝目的〟などではない。会社再建のその先にあるもの、それは従業員とそのご家族、取引先とそのご家族、債権者とそのご家族、〝思い出〟が詰まったお客さんとそのご家族の〝人生の救済〟である。究極的に救うのは〝人間の生活、心の安定〟そして〝人間の尊厳〟なのである。

私は人間が好きだ。だから人間を信じたい。だから「九九・九％再建は無理!!」と言われても、私は決してあきらめない。〇・一％の可能性を信じる。

なぜなら人間は皆〝幸せに生きる権利〟（憲法一三条、幸福追求権）を有しているのだから。そして、再建途中で亡くなっていった〝社長達との魂の約束〟だから。〝多くの人と出会い愛を皆に分けてあげたい〟と言って亡くなった娘との約束だから。

私は社会正義と人権擁護を〝使命〟（弁護士法一条）とする「弁護士」だから。

倒産は〝欲〟と〝情〟の葛藤の産物である。だから「会社再建」とは突き詰めれば〝自己犠牲〟と〝愛〟の具現化なのだと気付かされた人生の帰り道である。


〝どこかに通じている大道を僕は歩いているのじゃない。僕の前に道はない。僕の後ろに道は出来る。道は僕のふみしだいて来た足あとだ。だから、道の最端にいつでも僕は立っている〟

高村光太郎[1]

本書の作成にあたっては株式会社商事法務の渡部邦夫氏、光麗法律事務所の室根智史氏、風見和絵氏には多くの時間と多大な協力をいただいたことに深く感謝する。

本書を既に天国に旅立った亡き友人、亡き経営者、そして亡き娘に捧ぐ。

1 ▽ 詩人、彫刻家。「道程」より。

掲載名言・格言一覧

はじめに

“私は雨の中を歩くのが好きなんだ。そうすれば誰にも泣いているところを見られなくて済む”
――チャールズ・チャップリン▼Pii

“涙とともにパンを食べた者でなければ、人生の味はわからない”
――ゲーテ▼Pii

“明日死ぬかのように生きよ。永遠に生きるかのように学べ”
――マハトマ・ガンジー▼Piv

“もし、今日が人生最後の日だとしたら今やろうとしていることは本当に自分のやりたいことだろうか？”

――スティーブ・ジョブズ▼Piv

第1章 生きている意味を心に刻む

“じゃあ秘密を教えるよ、とてもかんたんなことだ。ものごとはね、心で見なくてはよく見えない。いちばん大切なことは目に見えない”
――サン・テグジュペリ▼P11

“人間が授かった大いなる才能、それは「共感」する力です”
――メリル・ストリープ▼P14

第2章 弁護士としての大義を貫き通せ

“是非の初心忘るべからず、時々の初心忘るべからず、老後の初心忘るべからず”
――世阿弥▼P18

“世の中に奉仕すること自体が信用である”
――本田宗一郎▼P19

“自分に薄く、その余力をもって人のために尽くせ”
――出光佐三▼P20

“世界がぜんたい幸福にならないうちは個人の幸福はあり得ない”
――宮沢賢治▼P22

“誰かの為に生きてこそ人生には価値がある”
――アインシュタイン▼P23

“「正義」に反することが自分（ソクラテス）にとっては死刑その他の刑罰よりも大きな禍である”
――ソクラテス▼P30

〝仏神は貴し、仏神をたのまず〟――宮本武蔵▼P36
〝善悪に他をねたむ心なし〟――宮本武蔵▼P36
〝身をあさく思い、世をふかく思ふ〟――宮本武蔵▼P37
〝朝（あした）に道を聞かば、夕べに死すとも可なり〟――孔子▼P37
〝世の人は我を何とも言わばいえ、我が成す事は我のみぞ知る〟――坂本龍馬▼P37
〝事をなさんとすれば、智と勇と仁を蓄えねばならぬ〟――坂本龍馬▼P44
〝君命には受けざるところあり〟――孫子▼P45
〝人生には損得を超越した一面、自分がこれと決めたものには「命」をかけてでもそれに邁進するという一面があってもよい〟――松下幸之助▼P48
〝良心に照らして少しもやましいところがなければ、何を悩むことがあろうか、何を恐れることがあろうか〟――孔子▼P50
〝道を志した者が不幸や罪になることを恐れ、将来につけを残すことを黙ってただ受け入れるなどは、君子の学問を学ぶ者がすることではない〟――吉田松陰▼P50
〝いったん志を抱けばこの志にむかって事が進捗するような手段のみをとりいやしくも弱気を発してはいけない。たとえその目的が成就できなくてもその目的への道中で死ぬべきだ〟――坂本龍馬▼P65

第4章 弁護士並びに金融機関の担当者に伝えたいこと

〝盲目であることは、悲しいことです。けれど、目が見えるのに見ようとしないのは、もっと悲しいことです〟――ヘレンケラー▼P88
〝寒さにふるえた者ほど、太陽の暖かさを感じる。人生の悩みをくぐった者ほど、生命の尊さを知る〟――ホイットマン▼P88
〝人は神ではない。誤りをするというところに人

間味がある〟――山本五十六▼P98

〝自分の価値観で人を責めない。一つの失敗で全て否定しない。長所を見て短所を見ない。心を見て結果を見ない。そうすれば人は必ず集まってくる〟――吉田松陰▼P98

〝成果とは、常に成功することではない。そこには、間違いや失敗を許す余地がなければならない〟――ピーター・ドラッカー▼P98

〝危機に直面すると、ものごとがよく見えてくる〟――スティーブ・ジョブズ▼P103

〝かけた情けは水に流せ、受けた恩は石に刻め〟――懸情流水受恩刻石（仏教の教え）▼P103

〝ビジネスで成功する一番の方法は、人からいくら取れるかをいつも考えるのではなく、人にどれだけのことをしてあげられるかを考えることである〟――デール・カーネギー▼P114

〝諫めてくれる部下は、一番槍をする勇士より値打ちがある〟――徳川家康▼P115

〝前途は遠い。そして暗い。しかし恐れてはならぬ。恐れない者の前に道は開ける。行け。勇んで。小さき者よ〟――有島武郎▼P124

〝人は神ではない。誤りをするところに人間味がある〟――山本五十六▼P126

〝成果とは常に成功することではない。そこには、間違いや失敗を許す余地がなければならない〟――ピーター・ドラッカー▼P126

〝簡単に諦める者に勝利はない。勝者は決して諦めない〟――ナポレオン・ヒル▼P127

〝いったん志を抱けば、この志にむかって事が進捗するような手段のみをとり、いやしくも弱気を発してはいけない。たとえその目的が成就できなくても、その目的への道中で死ぬべきだ〟――坂本龍馬▼P130

〝あることを真剣に三時間考えて、結論を出したら、三年間、真剣に考えても、結論は変わらない〟――フランクリン・ルーズベルト▼P135

〝何でも思い切ってやってみることですよ。どっちに転んだって人間、野辺の石ころ同様、骨となって一生を終えるのだから〟 ——坂本龍馬▼P135

〝思い切ってやりなさい。責任は私がとる〟 ——西郷隆盛▼P135

〝決断しないことは、ときとして間違った行動よりたちが悪い〟 ——ヘンリー・フォード▼P135

第5章 中小零細企業の経営者に伝えたいこと

〝去年《こぞ》盛りあらば今年は花なかるべきことを知るべし。時の間《ま》にも男時女時《おどきめどき》とてあるべし。いかにすれども、能にも、良き時あればかならず悪きこともまたあるべし。これ力なき因果なり〟 ——世阿弥▼P140

〝私の最大の光栄は一度も失敗しないことでなく倒れるごとに起きるところにある〟 ——本田宗一郎▼P141

〝逃げた者はもう一度戦える〟 ——デモステネス▼P141

〝私の最高傑作は次回作だ〟 ——チャールズ・チャップリン▼P142

〝あ～この旅は気楽な帰り道　のたれ死んだ所で本当のふるさと　あ～そうなのかそういう事なのか〟 ——甲本ヒロト▼P142

〝人は何度やりそこなっても「もういっぺん」の「勇気」を失わなければかならずものになる〟 ——松下幸之助▼P145

〝社員は家族だ。安易に仲間をクビにして残ったものだけで生き延びようとするのは卑怯者の選ぶ道だ。みんな精一杯やってそれでも食っていけなくなったら皆一緒に乞食になろうじゃないか〟 ——出光佐三▼P145

〝昔時の名将は、暑日に扇をとらず、寒日に衣をかさねず、雨の日に笠を用いずして、士卒への礼とす〟 ——上杉謙信▼P147

〝我々が怖れなければならないただ一つのことは、

「恐怖」そのものである〟――フランクリン・ルーズベルト▼P151

〝やってみせ、言って聞かせて、させてみせ、ほめてやらねば、人は動かじ。話し合い、耳を傾け、承認し、任せてやらねば、人は育たず。やっている、姿を感謝で見守って、信頼せねば、人は実らず〟――山本五十六▼P153

〝治に居て乱を忘れず〟――孔子▼P154

〝将の能にして、君の御せざる者は勝つ〟――孫子▼P156

〝良薬は口に苦けれども病に利あり。忠言は耳に逆らえども行いに利あり〟――孔子▼P158

〝生き残る種とは、強いからでも知的であるからでもない。それは、「変化」に最もよく適応したから生き残るのだ〟――チャールズ・ロバート・ダーウィン▼P162

〝時勢に応じて自分を変革しろ〟――坂本龍馬▼P163

〝できると決断しなさい。方法など後から見つければいい〟――エイブラハム・リーンカーン▼P164

〝自分が方向を変えれば新しい道はいくらでも開ける〟――松下幸之助▼P167

〝将の能にして、君の御せざる者は勝つ〟――孫子▼P168

〝簡単に諦める者に勝利はない。勝者は決して諦めない〟――ナポレオン・ヒル▼P178

〝君の心の庭に忍耐を植えよ。その根は苦くともその実は甘い〟――ジェーン・オースティン▼P179

〝智将は務めて敵に食む〟――孫子▼P183

〝人は黄金の奴隷になってはいけない。我が社の資本は金ではなく人間だ。金は資本の一部だ。一番大切なのは人だ。人が第一であって人が事業を作り事業がカネを作る。カネは人についてくる〟――出光佐三▼P184

〝一頭の羊に率いられた百頭の狼の群れは、一頭の狼に率いられた百頭の羊の群れに敗れる〟――ナポレオン・ボナパルト▼P187

〝リーダーとは「希望を配る人」のことだ〟——ナポレオン・ボナパルト▼P187

〝企業経営のエッセンスは「決断」することである〟——ピーター・ドラッカー▼P187

〝成果とは常に成功することではない。そこには、間違いや失敗を許す余地がなければならない〟——ピーター・ドラッカー▼P187

〝私は才能をバックアップする〟——スティーブ・ジョブズ▼P187

〝賢者は見つけるチャンスよりも多くのチャンスを創り出す〟——フランシス・ベーコン▼P193

〝速度を上げるばかりが人生ではない〟——マハトマ・ガンジー▼P194

第6章 私の絶体絶命と最後まであきらめない心・くじけない心

〝助けなければ男が廃る〟——清水次郎長▼P200

〝義を見てせざるは勇なきなり〟——孔子▼P200

〝良心に照らし少しもやましいところがなければ何を悩むことがあろうか。何を恐れることがあろうか〟——孔子▼P209

〝万策尽きたと思うな。自ら断崖絶壁の淵に立ってその時はじめて新たな風が吹く〟——松下幸之助▼P220

〝人生に失敗した人の多くは、諦めたときに自分がどれほど成功に近づいていたか気づかなかった人たちだ〟——トーマス・エジソン▼P228

〝我も人なら彼も人なのである〟——本田宗一郎▼P229

〝失敗の多くは、成功する前にあきらめてしまうところに原因があるように思われる。最後の最後まであきらめてはいけない!!〟——松下幸之助▼P237

〝人間は負けたら終わりなのではない。辞めたら終わりなのだ〟——リチャード・ニクソン▼P241

〝やったことは例え失敗しても、二〇年後には、笑い話にできる。しかし、やらなかったことは、

〝二〇年後には、後悔するだけだ〟——マーク・トウェイン▼P247

第7章 死者の魂との会話

〝散る桜　残る桜も　散る桜〟——良寛禅師▼P252

〝我も人なら、彼も人なり〟——本田宗一郎▼P273

〝涙とともにパンを食べた者でなければ、人生の本当の味はわからない〟——ゲーテ▼P276

〝社員は家族だ。仕事がないなら探せばよい。安易に仲間をクビにして残った者だけで生き延びようとするのは卑怯者の選ぶ道だ。みんなで精一杯やって、それでも食っていけなくなったら、みんな一緒に乞食になろうじゃないか〟——出光佐三▼P276

〝親思う　心に勝る　親心　今日のおとずれ　何ときくらん〟——吉田松陰▼P290

第8章 私的再建の進め方（実践編）

〝金よりも大切なものに「評判」というものがある。世間で大仕事をなすのにこれほど大事なものはない。金なんぞは「評判」のあるところに自然に集まってくるさ〟——坂本龍馬▼P306

〝できることから始めるのではなく正しいことから始めるのです〟——ピーター・ドラッカー▼P314

〝勇気を持った一人の人間は、多数派である〟——トーマス・ジェファーソン▼P315

〝財産を失ってもまたつくればいい。しかし、勇気を失ったら、生きている値打ちがない〟——ゲーテ▼P316

〝自分を犠牲にしてでも人の役に立てるか？〟——宮沢賢治▼P316

〝義を見てせざるは勇なきなり〟——孔子▼P316

〝良心に照らして少しもやましいところがなければ、何を悩むことがあろうか。何を恐れることが

あろうか〃——孔子▼P317

〃人生の失敗の多くは、成功にどれほど近づいていたか知らずに、それを目前にしながら、あきらめてしまうときに起こるのだ〃——トーマス・エジソン▼P321

終わりに

〃我も人なら、彼も人なり〃——本田宗一郎▼P347

〃どこかに通じている大道を僕は歩いているのじゃない。僕の前に道はない。僕の後ろに道は出来る。道は僕のふみしだいて来た足あとだ。だから、道の最端にいつでも僕は立っている〃——高村光太郎▼P348

著者紹介

村松　謙一（むらまつ　けんいち）

昭和52年慶應義塾大学法学部卒業、昭和58年清水直法律事務所入所、平成2年村松謙一法律事務所開設、平成12年光麗法律事務所（改名）、平成13年参議院「財政金融委員会」参考人、平成15年東京弁護士会倒産法部部長、平成19年（平成21年再放送）NHK「プロフェッショナル　仕事の流儀」出演、平成21年中小企業再生支援協議会「統括責任者研修」講師、平成25年NHKラジオ深夜便―明日へのことば―「会社を蘇らせることが私の使命」、平成29年NHK総合「逆転人生」〜40億円を返済！奇跡の逆転劇〜

【これまで手がけた主な『再建型』の法的事件】

鈴屋、金指造船所、大月ホテル、石岡カントリー倶楽部、長崎屋、マイカル、落合楼、会津磐梯カントリークラブ、その他私的整理に、東京佐川急便など

【主要著書等】

『新時代を切り拓く弁護士』（共著、商事法務、平成28年）、『いのちの再建弁護士』（角川書店、平成24年）、『魂の会社再建』（東洋経済新報社、平成22年）、『プロフェッショナル　仕事の流儀13』（NHK出版、平成19年）、『倒産阻止』（東洋経済新報社、平成14年）、『ドキュメント複合的和議』（商事法務研究会、平成6年）

本物の再建弁護士の道を求めて
――弁護士村松謙一の仕事の流儀

2019年1月17日　初版第1刷発行

著　者　村　松　謙　一

発行者　小　宮　慶　太

発行所　株式会社　商　事　法　務

〒103-0025 東京都中央区日本橋茅場町 3-9-10
TEL 03-5614-5643・FAX 03-3664-8844〔営業部〕
TEL 03-5614-5649〔書籍出版部〕
http://www.shojihomu.co.jp/

落丁・乱丁本はお取り替えいたします。　　印刷／広研印刷㈱

Shojihomu Co., Ltd.

ISBN978-4-7857-2689-8

＊定価はカバーに表示してあります。